세상에서
가장 특별한 빵
이야기

배경 지식을 넓혀 주는 감동 다큐 스토리
세상에서 가장 특별한 빵 이야기

초판 1쇄 찍은 날 | 2017년 11월 15일
초판 1쇄 펴낸 날 | 2017년 11월 20일

지 은 이 | 박상재, 박안나
그 린 이 | 전인숙

펴 낸 곳 | 창의력발전소 • (주)수경출판사
펴 낸 이 | 박영란
편　　집 | 강미연, 박선진
디 자 인 | 전찬우, 오나경
영업총괄 | 임순규, 조용현, 손형관
제작·물류 | 조인호, 김현주
인　　쇄 | (주)신화프린팅

등록번호 | 제2013-000088호
주　　소 | 서울시 영등포구 양평로 21길 26(양평동 5가) IS비즈타워 807호 (우 07207)
대표전화 | (02)333-6080
구입문의 | (02)333-7812
내용문의 | (02)6968-1550
팩　　스 | (02)333-7197
홈페이지 | http://www.book-sk.kr

ISBN 978-89-5926-973-0 73900
ISBN 978-89-5926-780-4 (세트)

*이 책은 저작권법에 따라 한국 내에서 보호받는 저작물이므로, 무단 전재와 무단 복제를 일절 금합니다.
*페이지가 누락되었거나 파손된 책은 사용 여부에 관계없이 구입하신 곳에서 즉시 교환해 드립니다.

〈사진 제공〉
대한 제과 협회 : 108쪽 70년대 대한 제과 협회의 '과자 회관' 모습
GettyimagesBank : 7쪽 와플, 23쪽 마들렌, 23쪽 에그타르트, 37쪽 생일 축하 노래 이미지, 38쪽 웨딩 케이크, 38쪽 백설기, 54쪽 바게트, 150쪽 식빵, 164쪽 로쿰
Wikimedia Commons : 12쪽 마카롱, 21쪽 낭시 지역의 '수녀의 마카롱', 22쪽 카트린 드 메디치, 23쪽 라뒤레의 마카롱, 24쪽 룩셈부르게를리, 24쪽 마카룬, 36쪽 에페소스 아르테미스 신전의 아르테미스 상, 36쪽 베르사유의 디아나, 52쪽 빅토르 위고, 53쪽 《레미제라블》 최초판에 나온 코제트의 초상화, 54쪽 뮤지컬 《레미제라블》의 포스터, 56쪽 레오나르도 다 빈치의 〈최후의 만찬〉, 64쪽 후안 후아네스의 〈최후의 만찬〉, 65쪽 오늘날의 성찬식 모습, 65쪽 유다의 입맞춤, 66쪽 누오보 성당의 〈빵과 물고기를 나누어 주시는 예수님〉, 66쪽 바르톨로메 에스테반 무리요의 〈순례자들에게 빵을 나눠 주는 아기 예수〉, 78쪽 옛날의 비스킷, 79쪽 미군의 전투 식량 패키지, 79쪽 일본식 빵을 처음 만든 에가와 히데타쓰, 92쪽 제갈량, 94쪽 무후사 내 제갈량을 위한 사당, 109쪽 세계 여러 나라에서 열리는 구어만드 요리책 경연 대회, 114쪽 베르사유 궁전의 왕실 예배당, 116쪽 베르사유 궁전의 프티 트리아농, 118쪽 장 피에르 우엘의 〈바스티유의 습격〉, 122쪽 프랑스 혁명 전 바스티유 감옥의 모습, 122쪽 오늘날 바스티유 광장, 123쪽 마리 앙투아네트의 목걸이의 복원된 모습, 123쪽 삼부회의 모습, 124쪽 마리 앙투아네트 왕비, 124쪽 크루아상, 126쪽 마르게리타 왕비, 131쪽 이탈리아 국기, 134쪽 포카치아, 134쪽 미국의 피자 프랜차이즈 시스템, 135쪽 마르게리타 피자, 148쪽 오 헨리, 149쪽 마녀로 몰려 화형을 당하는 잔 다르크, 152쪽 브레첼, 160쪽 독일의 인기 있는 빵인 브레첼, 160쪽 세계인들의 축제 옥토버페스트, 161쪽 제빵사 조합을 상징하는 브레첼, 162쪽 다양한 모양과 색깔의 브레첼, 174쪽 톱카프 궁전, 175쪽 지오반니 안토니아 구아르디의 〈고관들의 대표단을 맞이하는 술탄〉, 〈하렘의 풍경〉, 176쪽 만국 박람회 모습

배경 지식을 넓혀 주는 감동 다큐 스토리 초등

세상에서 가장 특별한 빵 이야기

글 박상재, 박안나 그림 전인숙

창의력 발전소 수경출판사

배경 지식을 넓혀 주는 감동 다큐 스토리

'세상에서 가장 특별한 이야기'

■

'세상에서 가장 특별한 이야기'는
우리 주위에서 흔히 볼 수 있는 동물이나 사물이
사람들의 삶, 인류의 역사 속에서 어떤 특별한 역할을 했는지
실화를 바탕으로 재미있는 이야기로 만들었습니다.

■

'세상에서 가장 특별한 이야기'는
책을 읽으면서 그 안에 담긴 다양한 정보와 지식을
함께 익힐 수 있어, 인문·사회·과학 기술 등 다양한 분야에
대한 배경 지식을 쌓을 수 있습니다. 따라서 폭넓은 사고와 풍부한
감성이 자연스럽게 길러져 창의력 높은 인재로 자라게 됩니다.

■

'세상에서 가장 특별한 이야기'는
내용의 이해를 돕는 아름다운 그림과 실제 사진을 수록하여
글의 내용이 더욱 더 깊은 감동으로 다가옵니다.

〈세상에서 가장 특별한 빵 이야기〉

〈세상에서 가장 특별한 빵 이야기〉에는 시대와 지역을 초월하여 많은 사람들에게 사랑받은 빵, 문학의 소재가 된 빵, 역사적으로 큰 사건의 계기가 된 빵 등 다양한 빵 이야기가 등장합니다.

빵 한 개를 훔친 죄로 19년 동안 감옥에 갇힌 장 발장, 제갈량의 지혜가 담긴 만두, 마르게리타 왕비를 위한 피자, 예수와 12제자의 마지막 만찬이 된 빵, 마리 앙투아네트를 단두대로 보낸 빵, 수녀원의 비밀 과자 마카롱, 한 남자를 비탄에 빠뜨린 마녀의 빵······.

◉ **세상에서 가장 의미 있고 특별한 빵 이야기**

다양한 시대, 다양한 지역에서 사람들의 입에 자주 오르내리는 빵에 관한 특별한 이야기를 읽다 보면, 전 세계의 다양한 역사와 문화에 대한 이해도 깊어지고 독특한 생활 모습도 엿볼 수 있습니다.

◉ **감동적인 이야기에 녹아 있는 '배경 지식'과 심화 정보 '다큐＋'**

흥미로운 이야기를 읽으면서 자연스럽게 익힌 정보는 한눈에 볼 수 있게 핵심 정보만 따로 모아 '배경 지식'으로, 깊이 있는 상세 정보나 재미있는 뒷이야기는 '다큐＋'로 구분하여 정리하였습니다.

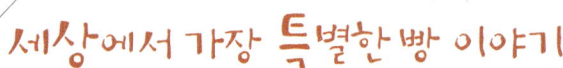
세상에서 가장 특별한 빵 이야기

　인류의 역사는 빵과 함께 발전해 왔다고 할 수 있어. 빵의 주원료인 밀은 서아시아 지역이 원산지야. 밀은 바다를 건너 이집트에 전해졌고, 발효 과정을 거쳐 오늘날과 비슷한 모습의 빵이 되었지. 이것이 기원전 800년경 로마로 넘어갔는데, 당시에 빵은 상류층이 먹는 귀한 음식이었다고 해.
　빵 만드는 기술은 로마 멸망 후 기독교와 함께 유럽 곳곳으로 전파되었어. 그후 17세기 후반에 효모균이 발견되고, 19세기에 파스퇴르가 이스트를 만들어 냄으로써 빵이 대중화될 수 있었지. 대중화된 빵은 다양한 맛과 모양으로 사람들을 유혹하고 있어. 나름의 이야기들도 아주 재미있지.

영국의 한 요리사가 부인과 이야기를 하며 스테이크를 부드럽게 하기 위해 고기 망치로 열심히 두드리고 있었어.

하지만 실제로 그가 두드린 것은 와플 반죽이었지. 그렇게 만들어진 홈 때문에 시럽이 흐르지 않는 것이 마음에 든 요리사가 그 방법을 이용해 계속 만들었고, 와플은 특유의 벌집 모양이 되었다고 해.

와플

자, 그럼 이제부터 세상에서 가장 특별한 빵 이야기를 읽으면서 마음을 빵빵하게 채워 볼까?

# 차례

1. 수녀원의 비밀 과자 **마카롱** ·········· 11
   - **배경 지식** : 프랑스를 대표하는 디저트, 마카롱 ·········· 22
   - **다큐 +** : 마카롱의 동생? 룩셈부르게릴리 ·········· 24

2. 끝없는 사랑의 마음을 듬뿍 담은 **생일 케이크** ·········· 25
   - **배경 지식** : 부모님의 사랑이 담긴 생일 케이크 ·········· 36
   - **다큐 +** : 동양에서는 케이크 대신 떡이라고? ·········· 38

3. 빵 한 개를 훔친 죄로 19년 동안 **감옥에 갇힌 장 발장** ·········· 39
   - **배경 지식** : 대작가 빅토르 위고의 《레미제라블》 ·········· 52
   - **다큐 +** : 장 발장이 훔친 빵은 무엇이었을까? ·········· 54

4. 예수와 12제자의 **마지막 만찬이 된 빵** ·········· 55
   - **배경 지식** : 예수와 12제자의 최후의 만찬 ·········· 64
   - **다큐 +** : 성경에서 빵을 나누어 먹는 것은 어떤 의미가 있을까? ·········· 66

5. 군인들의 전투력을 높이기 위해 만들어진 **건빵** ·········· 67
   - **배경 지식** : 구호품이 된 다양한 전투 식량 ·········· 78
   - **다큐 +** : 우리나라의 전투 식량은 어떻게 발전해 왔을까? ·········· 80

6. 제갈량의 지혜가 담긴 **만두** ·········· 81
   - **배경 지식** : 인명을 귀하게 여긴 제갈량의 만두 ·········· 92
   - **다큐 +** : 중국 만두와 한국 만두, 무엇이 다를까? ·········· 94

7. 최고의 재료로 건강한 빵을 굽는 김영모 제과 명장 … 95
- ●배경 지식 : 빠르게 발전해 가는 한국식 빵 … 108
- ●다큐+ : 파티시에가 되려면 어떤 노력을 해야 할까? … 110

8. 마리 앙투아네트를 단두대로 보낸 빵 … 111
- ●배경 지식 : 프랑스 혁명과 마리 앙투아네트 … 122
- ●다큐+ : 마리 앙투아네트가 프랑스에 소개한 빵은 무엇일까? … 124

9. 마르게리타 왕비를 위한 피자 … 125
- ●배경 지식 : 이탈리아를 대표하는 빵, 피자 … 134
- ●다큐+ : 피자는 어떻게 한국인들의 입맛을 사로잡았을까? … 136

10. 한 남자를 비탄에 빠뜨린 마녀의 빵 … 137
- ●배경 지식 : 오 헨리의 소설과 동화에 등장하는 마녀 … 148
- ●다큐+ : 묵은 빵은 실생활에서 어떻게 활용할 수 있을까? … 150

11. 기도하는 빵 브레첼 … 151
- ●배경 지식 : 쫄깃하고 담백한 맛을 자랑하는 브레첼 … 160
- ●다큐+ : 실수가 브레첼을 더 맛있게 만들었다고? … 162

12. 달콤함으로 술탄을 사로잡은 터키시 딜라이트 … 163
- ●배경 지식 : 터키의 즐거움, 터키시 딜라이트 … 174
- ●다큐+ : 서양 상류 사회에서 유행한 터키시 딜라이트 … 176

세상에서 가장 특별한 빵 이야기

1

수녀원의 비밀 과자

마카롱

바삭한 겉부분과 달리 속이 촉촉한 마카롱은
프랑스의 대표적인 과자야.
달콤한 맛에 고운 빛깔은 어서 맛보라며 사람들을 유혹하지.
마카롱의 화려한 겉모습을 보고 상상이 되지 않겠지만,
마카롱에는 프랑스 혁명 이후 살 곳을 잃고 방황한 수녀들의
비밀스럽고 슬픈 사연이 담겨 있다고 해.
반전의 매력이 있는 마카롱의 이야기를 함께 살펴볼까?

 마카롱이라는 과자를 먹어 본 적 있니? 매장에 전시된, 아름다운 빛깔의 작고 귀여운 마카롱을 보고 있으면 너무 예뻐서 먹기가 아깝다는 생각이 들 거야.

오늘날 우리가 흔히 볼 수 있는 마카롱은 달걀흰자에 설탕을 넣고 끈기 있게 치대서 만든 머랭과 아몬드 가루, 밀가루 등을 이용해서 만들어. 바삭한 크러스트 안에 촉촉한 머랭, 다양한 맛의 잼이나 크림 등을 넣은 동그란 샌드위치 모양이지.

아름다운 빛깔을 자랑하는 마카롱

원래 마카롱은 화려한 색깔을 자랑하지도, 매끈한 모양도 아니었다고 해. 울퉁불퉁한 모양에다 소박한 색깔, 게다가 두 겹이 아니라 한 겹으로 만들었었지. 그러다가 18세기 말부터 낭시, 랭스, 아미앵 등 프랑스의 여러 도시들에서 각 지역별로 특색 있는 마카롱을 만들기 시작하면서 색깔과 모양, 맛이 다양해진 거야.

특히 프랑스 전역에서 마카롱이 발전하게 된 배경에는 수녀원들이 기여한 바가 크다고 해. 그중 낭시 지역의 마카롱은 '수녀의 마카롱'이라는 뜻의 '레 쇠르 마카롱'이라고 불릴 정도야.

수녀원에서 신앙생활에 매진해야 할 수녀들이 어떻게 마카롱을 만들어 팔게 되었을까? 수녀원에서 전해 내려오던 마카롱의 비밀 레시피가 담장을 넘어 세상 속으로 나갈 수밖에 없었던 이야기를 한번 알아보자.

17세기 말 여러 수녀원에서 육식을 금지하자 영양 결핍으로 허약해진 수녀들이 늘었어. 낭시 지역의 카르멜 수녀원도 예외가 아니었지.

"에마뉘엘 수녀님, 정신 차려 보세요."

"이달 들어 벌써 몇 번째인지 모르겠어요."

픽픽 쓰러지는 수녀들이 늘어나자 걱정이 된 카르멜 수녀원의 원장 수녀님은 대수도원장을 찾아가 의논했어.

"대수도원장님, 수녀들의 영양 부족 문제를 어쩌면 좋을까요?"

"그러게요. 부족한 영양분을 보충할 수 있는 게 뭐 없을까요? 끼니 사이사이에 간단하게 먹을 수 있는 음식이라면 좋을 텐데……."

대수도원장의 말을 듣던 원장 수녀의 눈빛이 갑자기 반짝 빛났어.

"그렇다면 수녀들이 부족한 영양분을 보충할 수 있게 과자를 만들어 먹는 것은 어떨까요?"

"과자라? 음~, 영양가가 높은 재료를 이용해서 작게 만든 과자라면 주머니에 넣고 다니면서 시간 날 때마다 먹을 수 있으니 좋은 생각인 것 같네요. 원장 수녀님, 카르멜 수녀원만의 과자를 만들어 보도록 하세요."

이때 만들어진 것이 바로 마카롱이야. 영양가 높은 마카롱 덕분에 수녀들은 건강을 지킬 수 있게 되었어. 그리고 마카롱을 만드는 비법은 수녀들에게만 비밀리에 전수되어 발전해 나갔지.

그러던 중 혁명이 일어나 프랑스 사회가 혼란스러워졌어. 국민 의회가 왕을 처형하고 모든 법과 제도를 바꾸는 대대적인 개혁을 실시한 거야. 종교 시설도 그 영향을 피해갈 수 없었어. 나라에서 교회의 재산을 몰수하자 카르멜 수도원도 버티고 버티다가 문을 닫았고 그 바람에 수녀들은 뿔뿔이 흩어지게 되었지.

카르멜 수녀원에는 쌍둥이처럼 항상 붙어 다니던 두 명의 수녀가 있었어. 엘리자베스 수녀와 세레나 수녀는 친자매로 여겨질 만큼 사이가 좋았지.

"세레나, 이제 문을 닫은 수도원에서 더 이상 버티는 것은 무리인 것 같아. 어디로 가야할까?"

"저는 당장 갈 곳이 없어요."

"갈 곳이 없는 것은 나도 마찬가지야. 하지만 무슨 방법이 있겠지."

"수녀원에서만 살던 우리가 바깥 세상에서 어떻게 버텨요."

"너무 걱정하지 마. 하느님이 주신 이 넓은 세상에 어디든 갈 데가 없겠어? 주님께서는 모든 것을 버리고 나를 따르라고 하셨잖아."

"그래요. 주님께서 뜻하신 곳으로 우리를 인도해 주실 거예요."

"어디를 가든지 우리 함께하자!"

"네. 함께라면 아무것도 두려울 게 없어요. 우리 헤어지지 말고 같이 지내요."

두 수녀가 손을 꼭 잡고 서로에게 용기를 북돋워 주던 순간이었어. 그 모습을 아니꼽게 지켜보던 술주정뱅이가 비틀거리며 다가왔지.

"어이, 수녀 아가씨들! 수녀원에 얌전히 있지 않고 뭐하러 나돌아 다니지? 아~, 수녀원이 문을 닫았다더니 쫓겨난 모양이구만."

술주정뱅이는 수녀들을 놀리기 시작했어.

"그런데 수녀들은 왜 결혼을 하지 않는 거야? 하느님하고 결혼을 했다는 말도 안 되는 얘기는 집어치우고 사실을 말해 봐."

술주정뱅이는 비틀거리며 함부로 지껄여댔지.

"무서워요. 저 사람이 우리에게 해코지하면 어떡하죠?"

마음이 여린 세레나는 심장이 쿵쾅거리고 목소리까지 떨렸어.

"세레나, 너무 두려워하지 마! 주님이 우리를 지켜 주실 거야."

동생을 달래기 위해 말은 그렇게 했지만, 엘리자베스 수녀도 술주정뱅이가 무섭기는 마찬가지였지.

"그래도 너무 험상궂게 생겼어요."

"저 사람이 무슨 말을 해도 못 들은 체하고 그냥 지나치면 돼. 계속 무시하면 제풀에 지칠 거야."

두 수녀가 바들바들 떨며 꼼짝도 못하고 있을 때였어. 마침 마을의 터줏대감인 로하 아주머니가 지나가다가 그 모습을 보고 다가왔지.

"벤자민, 여기서 뭐 하는 거야? 괜히 술 마시고 수녀님들한테 행패 부리지 말고, 곱게 집에 들어가 잠이나 자."

"로하 아줌마, 제가 무슨 행패를 부린다고 그러세요. 그냥 평소에 궁금했던 것 좀 물어보고 있었다고요."

남자가 돌아서 가버리자 수녀들은 아주머니에게 다가갔어.

"구해 주셔서 감사합니다."

"별로 한 일도 없는데 감사는 무슨, 괜히 밤늦은 시간에 돌아다니지 말고 어서 수녀원으로 돌아가세요."

"수녀원이 문을 닫아서 돌아갈 곳이 없어요. 혹시 주위에 저희가 잠시 머물 수 있을 만한 데가 없을까요?"

수녀들의 딱한 사정을 알게 된 로하 아주머니는 선뜻 도움의 손길을 내밀었어.

"그렇다면 저희 집에서 함께 지내는 건 어때요? 누추하긴 하지만, 수녀님들만 괜찮다면 지금 당장 같이 가서도 돼요."

"정말요? 감사합니다."

그렇게 두 수녀는 로하 아주머니와 함께 생활하게 되었어.

그런데 프랑스 혁명이 일어났을 때 서민들의 형편은 아주 어려웠어. 혁명이 일어난 것도 따지고 보면 시민들이 배가 고파서 '빵을 달라!'고 외쳤기 때문이거든.

"우리가 가진 게 없어서 돈을 드릴 수는 없지만, 로하 아주머니에게 금전적으로 도움이 될 수는 없을까?"

두 수녀는 자기들에게 선의를 베푼 아주머니에게 도움이 되고 싶어 고민했어.

"좋은 생각이 떠올랐어요."

"뭔데? 어서 말해 봐."

"있잖아요. 우리가 마카롱을 만들어 파는 거예요."

"마카롱을 만들어 판다고?"

"수녀원에서 만들어 먹던 그 마카롱 말이에요. 영양 결핍으로 쓰러졌던 수녀들에게 도움이 됐으니까 굶주린 서민들에게도 좋을 거예요. 게다가 마카롱을 팔아서 로하 아주머니도 도울 수 있고요."

"그래. 내가 왜 마카롱 생각을 못했지? 세레나, 정말 좋은 생각인 것 같아!"

"그런데 로하 아주머니가 좋아하실지 모르겠어요. 당장 마카롱을 만들 재료를 사려면 돈이 필요하잖아요."

"아주머니께 우리의 뜻을 전하고 같이 고민해 보자."

엘리자베스 수녀는 로하 아주머니께 조심스럽게 이야기를 꺼냈어.

"로하 아주머니, 저희가 마카롱이라는 과자를 맛있게 만드는 방법을 알고 있어요."

로하 아주머니는 별로 달갑지 않다는 표정을 지었어.

"수녀원에서 마카롱이라는 과자를 만들어 먹는다는 소문은 들었지만, 지금 그런 과자를 만들어 먹을 형편이 안 돼요."

'아, 아주머니께서 오해를 하시는구나.'

엘리자베스 수녀는 더욱 공손한 말투로 말했어.

"마카롱을 만들어서 우리가 먹자는 것이 아니에요. 그것을 팔아 번 돈을 아주머니께 드리려고요. 저희가 신세진 것을 갚을 방법이 이것밖에 떠오르지 않아서요."

머뭇거리는 아주머니의 모습에 세레나 수녀도 거들고 나섰지.

"아주머니, 그러니까 쉽게 말해서 마카롱 장사를 해보자는 거예요."

"그렇군요. 저는 그런 깊은 뜻이 있는 줄도 모르고, 잠시 다른 생각을 했네요. 수녀님들, 죄송해요."

로하 아주머니는 미안해서 어쩔 줄 몰랐어.

"그렇다면 마카롱을 한번 만들어 팔아 볼까요?"

아주머니의 대답에 두 수녀들의 표정이 환하게 밝아졌어.

"마카롱을 만들어 팔면 살림을 꾸려 나가는 데 보탬이 될 거예요."

아주머니도 돕고 서민들에게 영양가 있는 과자를 만들어 줄 수 있게 되었다는 기쁨에 두 수녀는 수녀원에서 전해 내려오는 특별한 비법대로 정성스럽게 마카롱을 만들기 시작했어.

"아몬드 가루와 달걀흰자를 아낌없이 듬뿍 써야 해."
"그런데 재료를 듬뿍 써서 재료값이 많이 들면, 이익이 별로 남지 않을 것 같은데……."
"그렇겠지. 하지만 일단 좋은 재료를 사용해야 맛이 좋고, 맛이 좋아야 잘 팔리지 않을까? 이익이 적게 남더라도 마카롱이 팔려야 아주머니를 도울 수 있어."
두 수녀는 재료를 아끼지 않고 맛있는 마카롱을 만들었지.

"수녀들이 만들었다는 그 과자, 먹어 봤어요? 그렇게 맛있다던데."

"아, 마카롱이요? 먹어 봤죠. 정말 맛있었어요. 돈만 많다면 입에 달고 살고 싶어요."

수녀들이 만든 마카롱은 입소문을 타고 날개 돋친 듯 팔려 나갔어. 수녀원의 비밀 레시피 대로 만들어 아몬드향이 강하고 고소한 마카롱을 찾는 사람들은 점점 늘어났지.

"로하 아주머니, 그동안 저희에게 편한 쉼터를 제공해 주셔서 감사합니다."

"뭘요. 어려울 때 다 돕고 사는 거죠. 마카롱이 잘 팔린 덕분에 수녀님들이 정착할 수 있게 되어 다행이에요."

마카롱에 이처럼 갈 곳 잃은 수녀들의 슬픈 이야기가 숨어 있을지 몰랐지? 지금도 낭시에서는 수녀원의 비법을 이은 '수녀의 마카롱'이 잘 팔리고 있다고 해.

비록 우리가 생각하는 화려한 색감의 마카롱은 아니지만, 어려울 때 자신들을 도와 준 사람에게 보답하고 싶었던 두 수녀의 마음과 비법이 담긴 마카롱은 전 세계 사람들의 마음을 사로잡고 있지.

낭시 지역에서 파는 '수녀의 마카롱'

프랑스를 대표하는 디저트, 마카롱

1. 마카롱은 어떻게 프랑스를 대표하는 디저트가 되었을까?

디저트는 프랑스 어로 '식사를 끝마치다'라는 뜻이야. 마카롱은 프랑스의 대표적인 디저트로 유명하지만, 사실은 13세기에 이탈리아에서 처음 만들어졌어. 마카롱을 뜻하는 단어도 섬세한 반죽을 뜻하는 이탈리아 어인 마카로네(maccarone)에서 유래한 것이지.

16세기 이탈리아 메디치 가문의 카트린이 프랑스의 앙리 2세와 결혼하면서 마카롱은 프랑스에 전해졌다고 해. 당시 카트린이 거느리고 온 이탈리아의 요리사들이 다양한 요리와 기술을 프랑스에 소개했고 이때 마카롱도 전해진 거지. 마카롱의 주재료인 아몬드는 아라비아 사람들이 시칠리아를 점령했을 때 전해진 것으로, 이탈리아에서는 중세 시대부터 요리에 널리 사용되었다고 해.

카트린 드 메디치

루이 14세 때부터는 마카롱이 왕들의 간식으로 제공될 만큼 프랑스를 대표하는 과자가 되었어. 게다가 대혁명 이후 여러 지역에서 다양한 마카롱이 만들어지면서 프랑스 사람들이 널리 즐기는 디저트가 된 거야.

2. 전 세계 사람들을 유혹하는 파리지앵 마카롱의 원조, 라뒤레

초기의 마카롱은 표면이 울퉁불퉁한 아몬드 과자였어. 오늘날처럼 머랭으로 만든 크러스트 사이에 다양한 크림이나 잼을 채운 샌드위치 모양의 마카롱은 파리의 라뒤레 제과점에서 처음 만들었다고 해.

20세기 초 루이 에르네스트 라뒤레의 손자인 피에르 데퐁텡이 크러스트 사이에 초콜릿 크림을 채운 마카롱을 개발하면서 오늘날과 같은 형태의 마카롱이 일반화된 거야.
파리 샹젤리제에 위치한 라뒤레에는 전 세계 여행자들이 마카롱을 맛보기 위해 방문하고 있어.

라뒤레의 마카롱

3. 수도원과 관련된 빵에는 또 무엇이 있을까?

마들렌은 조개 모양으로 만든 작고 폭신한 카스텔라야. 성경 속 인물인 '마리아 막달레나'와 관련 있는 빵으로, 마들렌은 프랑스 어로 마리아 막달레나라는 뜻이지. 프랑스에서는 마리아 막달레나 성녀의 축일인 7월 22일을 성대하게 기념하는데, 이날 특히 많은 양의 마들렌을 만들어 나누어 먹었다고 해.

마들렌

또한 마리아 막달레나를 따르는 프랑스의 한 수녀원에서 마들렌을 처음 구웠다는 이야기도 있어.

에그 타르트는 페이스트리에 달걀 크림을 넣어 만든 빵이야. 포르투갈 벨렘 지역의 제로니무스 수도원이 에그 타르트의 원조로 유명하지. 수도원의 수녀들이 수도복을 빳빳하게 다리기 위해 계란 흰자를 이용해 풀을 먹였는데, 이때 남은

에그 타르트

계란 노른자를 활용해 만든 것이 에그 타르트라는 말이 있어.

🌸 마카롱의 동생? 룩셈부르게를리

룩셈부르게를리와 마카롱은 비슷하게 보이지만 룩셈부르게를리는 마카롱보다 작은 크기에 더 동그랗게 생겼어. 독일, 스위스

룩셈부르게를리

와 같이 독일어를 사용하는 나라에서는 마카롱을 룩셈부르게를리라고 부르기도 하지.

하지만 비슷하게 보이는 마카롱과 룩셈부르게를리는 만드는 방법이 다르다고 해. 룩셈부르게를리는 중간에 크림만 들어가는 반면, 마카롱은 더욱 다양한 재료를 넣어서 더 풍부한 맛이 나. 게다가 재료가 달라서인지 마카롱은 대략 룩셈부르게를리의 5배 가격이지.

🌸 마카롱 대 마카룬

마카롱과 마카룬은 모두 이탈리아의 마카로네(maccarone)에서 시작되었고, 만드는 재료도 달걀흰자, 설탕, 아몬드 또는 코코넛 등으로 비슷해. 하지만 두 과자는 다른 음식으로 알려져 있지. 마카롱은 프랑스에서 큰 인기를 얻으면서 화려하게 발전한 반면, 밀가루를 많이 이용하지 않는 마카룬은 이 탈리아계 유대인들에게 유월절 음식으로 여겨졌어. 종교 행사에 자주 이용된 마카룬은 유대교 전통 과자들의 영향을 받아 차분한 모양으로 발전해 나간 거야.

마카룬

세상에서 가장 특별한 빵 이야기

2

끝없는 사랑의 마음을 듬뿍 담은
생일 케이크

독일과 영국에서는 생일 케이크를 먹을 때 조심해야 한대.
생일 케이크에 숨겨 놓은 동전을 찾으면
행운이 따르고 부자가 될 거라고 믿는 풍습 때문에
생일 케이크를 구울 때 동전을 넣거든.
나라마다 생일을 맞는 모습은 다르지만,
생일날 빠뜨릴 수 없는 것은 달콤한 생일 케이크일 거야.
언제부터 생일날에 케이크를 먹었을까? 궁금하지 않니?

 특별한 빵이라고 하면 무엇이 떠오르니? 아마 특별한 날을 기념하는 생일 케이크나 웨딩 케이크가 떠오를 거야.

그중에서 태어난 날을 기념하고 축하하기 위한 생일 케이크는 언제부터 만들기 시작했을까?

생일 케이크와 비슷한 의미의 케이크가 등장한 것은 고대 그리스 시대라고 알려져 있어.

그리스 사람들이 올림포스 산 꼭대기에 많은 신전을 지어 놓고 여러 신들을 모셨다는 것은 알고 있지? 그들은 달의 여신인 아르테미스를 숭배했는데, 아르테미스의 아름다움과 찬란한 빛을 기리기 위해 달 모양의 달콤한 케이크를 바쳤다고 해.

특히 아르테미스는 여성의 출산을 돕고 어린아이를 돌보는 수호신이었기 때문에 특별한 소원을 빌기 위해 그녀의 신전을 찾는 사람이 많았지.

니콜라스와 헤이라 부부도 특별한 소원을 빌기 위해 아르테미스의 신전을 찾았어.

"니콜라스, 너무 무서워요. 제 친구인 헬레네가 아기를 낳다가 죽었다는데, 저도 그렇게 되면 어떡하죠?"

"쓸데없는 걱정하지 말아요. 아르테미스 여신에게 당신이 무사히 아기를 낳고, 아기가 건강하게 잘 자라도록 지켜 달라고 빌기 위해서 힘들게 달콤한 달 모양의 케이크를 구워 왔잖소."

"그래도 친구가 잘못되었다는 이야기를 들으니까 너무 두려워요."

"당신이 며칠 전부터 더 불안해하는 것 같아서 아르테미스 여신이 소원을 들어주지 않고는 못 베길 비법을 알아왔어요."

"그런 비법이 있어요?"

"내 친구 스피로스가 달 모양의 케이크와 함께 불을 피우면 더 좋다고 하더라고. 연기가 하늘로 피어오르면서 하늘에 계신 아르테미스 여신에게 우리의 기도를 더 잘 전해 줄 거라고 했소."

"제발 그랬으면 좋겠네요. 그럼 어서 불을 붙여요."

"아르테미스 여신이여, 제 아내 헤이라가 건강하게 아이를 낳을 수 있도록 보살펴 주십시오. 또한 태어날 아이가 건강하게 자랄 수만 있다면 더 바랄 게 없습니다."

이것이 바로 생일 케이크의 맨 처음 모습이었대. 게다가 오늘날 우리가 촛불을 불며 소원을 비는 풍습도 여기에서 비롯된 거야.

안타깝게도 중세 시대에는 생일 케이크에 대한 특별한 이야기가 전해지지 않고 있어. 기독교 세력이 강해 생일을 기념하는 것조차 이교도의 풍습으로 금지했기 때문이지. 그 당시에 예수나 성인을 제외한 개인의 생일잔치는 생각할 수도 없었거든.

하지만 아무리 기독교 세력이 강하게 금지했다고 해도 자신의 아이가 태어난 날을 기념하고 싶은 부모님의 마음을 막을 수는 없었어. 생일 케이크가 발달하지는 않았지만, 그 의미를 담은 케이크를 먹는 문화는 죽 이어져 오고 있었지.

중세 독일에는 생일에 케이크를 먹으며 아이의 생일을 축하해 주는 '킨더페스테'라는 문화가 있었다고 해.

킨더페스테는 생일을 맞은 아이가 아침에 일어나 케이크에 촛불을 켜고, 저녁에 온 가족이 모여 케이크를 나누어 먹을 때까지 촛불이 꺼지지 않게 초를 계속 갈아 주며 하루 종일 켜놓는 풍습이야.

킨더페스테의 초는 아이의 나이보다 하나 더 밝혀 다음 한 해 동안 아이의 앞날을 밝혀 주는 의미를 담았다고 해.

"크리스틴, 생일을 축하한다. 무럭무럭 건강하게 자라다오."

그럼 오늘날과 같은 모습의 생일 케이크는 언제부터 만들기 시작했냐고? 지금부터 나오는 이야기가 그 궁금증을 해결해 줄 거야.

독일에서 가난한 농부의 아들로 태어난 마틴이 제빵사를 꿈꾼 건 아르테미스 여신에게 바친 빵 이야기 때문이었어. 그리스 인의 피를 물려받은 엄마가 종종 그리스 신들에 얽힌 이야기를 들려주었거든.

"엄마, 저기 아주 밝은 보름달이 떴어요."

푸른 물줄기가 구불대는 라인 강가를 내달리며 마틴이 손짓했어.

"그래. 아주 아름다운 보름달이구나. 언젠가 엄마가 얘기해 준 적 있지? 옛날에 그리스 사람들이 아기가 무사히 태어나 잘 자랄 수 있도록 달의 여신, 아르테미스에게 달콤한 빵을 바쳤다고."

그러면 어린 마틴은 이렇게 묻곤 했어.

"엄마는요? 엄마도 아르테미스 여신에게 빵을 바치고 싶으세요?"

"너를 위해서라면 당연히 세상에서 제일 맛있는 빵을 바치고 싶지."

마틴은 점점 궁금해졌어.

'아르테미스 여신에게 바쳤던 빵은 어떤 맛이었을까? 당시에는 무슨 재료를 사용해서 어떻게 빵을 만들었을까?'

게다가 마틴은 하루 종일 일해도 겨우 굶주림을 면할 음식밖에 얻지 못하는 농부가 되기 싫었어. 그래서 어려서부터 갖은 일을 하며 돈을 한두 푼씩 모았고, 차비를 마련하자마자 도망치듯 고향을 떠나 도시로 향했지.

"마틴, 힘들면 언제든지 돌아오너라."

"어머니, 걱정하지 마세요. 제가 돈 많이 벌어 올게요."

당시 독일은 신성 로마 제국에 속해 있다가 나폴레옹 1세에 의해 쪼개지면서 새로 생긴 나라였어. 게다가 유럽 대부분의 나라에서 산업이 발달하기 시작하면서 모든 것이 빠르게 변하던 시기였지. 도시들은 커지고 사람들은 일자리를 찾아 도시로 몰리기 시작했어.

마틴은 이리저리 열심히 일자리를 찾아다녔지만, 나이가 어리고 촌스러운 티를 벗지 못한 마틴을 덥석 써주겠다는 사람은 아무도 없었어.

'이러다가 정말 굶어 죽겠다. 가지고 있던 돈도 거의 다 써버렸어. 정말 고향으로 되돌아가 농부가 되어야 할까······.'

며칠 후, 모든 것을 포기하고 고향으로 내려가려던 마틴에게 희망의 빛이 보였어. 바로 빵집에서 사람을 구한다는 거야. 마틴은 밤을 새다시피 하다가 날이 밝기도 전에 빵집 문을 두들겼지.

"누구야? 이른 아침부터."

제빵사가 흰 밀가루가 잔뜩 묻은 얼굴을 내밀었어.

"저, 사람을 구한다는 말을 듣고 왔습니다."

"그래? 힘 좀 쓸 줄 아나?"

"네. 힘쓰는 일이라면 자신 있습니다. 아주 어렸을 때부터 농사일로 단련된 몸이지요."

"그렇다면 들어와. 지금부터 당장 일을 시작할 마음가짐이 있다면 말이야. 각오를 단단히 하라고!"

마틴은 너무나 기뻤어. 옛날 독일 사람들에게 빵을 만드는 제빵사는 귀한 직업 중 하나였거든. 게다가 자신이 어렸을 때부터 꿈꾸던 제빵사가 될 수 있는 소중한 기회였지.

하지만 마틴이 하루 종일 하는 일이라고는 물을 길러 오고 불을 지필 장작을 패거나 산더미처럼 쌓인 설거지를 하는 게 전부였어. 제빵사는 빵 만드는 법을 가르쳐 주기는커녕 화덕 근처에도 가까이 가지 못하게 했지.

그래도 마틴은 몸에 밴 부지런하고 성실한 태도로 최선을 다해 즐겁게 일했어. 그렇게 한 해 두 해 세월이 쌓이자 제빵사도 빵 만드는 법을 조금씩 알려 주기 시작했지.

빵의 종류에 알맞은 반죽 비법부터 불을 조절하는 법까지 하나하나씩 배운 마틴은 드디어 혼자서도 맛있는 빵을 만들 수 있게 되었어. 사람들은 마틴이 정성스럽게 만든 빵을 아주 좋아했지. 그 덕분에 마틴도 자신만의 빵집을 차리고 사랑하는 아내를 만나 가정을 꾸리게 되었어.

"아~, 이 모든 게 꿈만 같아! 내가 그토록 바라던 것들을 다 이루었어……."

마틴은 하루하루가 너무나 행복했어. 딱 하나, 아쉬운 점이 있다면 아이가 없다는 거였지. 아내가 초조하게 아이를 기다리며 불안해할 때마다 마틴은 다정하게 아내를 위로했어.

"여보, 너무 신경 쓰지 말아요. 아이는 때가 되면 생길 테니까."

마틴과 아내는 밤마다 촛불을 켜고 간절히 기도했지만 5년이 지나도록 아이는 생기지 않았어. 이제 아이를 포기할까 생각하던 순간, 기적적으로 마틴에게도 귀한 아이가 생겼지.

"아르테미스 여신이여, 제 기도를 들어주셔서 감사합니다."

마틴은 사랑하는 아내가 예쁜 딸을 낳자, 세상을 다 가진 것처럼 기뻤단다. 자신을 닮은 눈과 코, 아내를 닮은 입과 귀, 쉴 새 없이 꼬물꼬물 움직이는 작은 손발을 보고 있노라면 시간 가는 줄 모르고 눈물이 날 정도였지.

하지만 안타깝게도 마틴의 딸, 엠마는 병치레가 잦았어.

어느 날, 엠마는 하루 종일 아무것도 먹지 않은 채 밤늦도록 칭얼댔어. 온몸은 불덩이처럼 뜨거웠고, 힘이 없어 큰소리로 울지도 못한 채 축 늘어져 있었지. 그 모습을 지켜보는 마틴은 가슴이 찢어지는 것 같았어. 할 수만 있다면 자신이 대신 아프고 싶었지.

"엠마, 많이 아프지? 제발 물이라도 한 모금 마시고 기운 좀 차려 보렴."

마틴이 얼음처럼 차가운 강물을 깨고 길어 온 물에 헝겊을 적셔 쉴 새 없이 엠마의 뜨거운 몸을 닦는 사이, 아내는 뭐라도 먹이기 위해 애썼어. 그렇게 부부가 밤새도록 엠마를 간호하는 사이 창밖으로 먼동이 밝아 오고 있었고, 엠마를 키우는 일 년 남짓 동안 이 같은 일은 끊임없이 반복됐지.

"여보, 다음 주면 엠마가 벌써 한 살이 되네요."

"그러게. 자주 아파서 마음을 졸이며 지켜봐야 했던 적이 많았지만 되돌아보면 정말 행복한 시간이었어."

마틴은 엠마의 첫 번째 생일을 특별한 방법으로 축하해 주고 싶었어. 평소에 만들던 소박한 빵이 아니라 엠마에게 어울리는 멋진 생일 케이크를 만들어 이웃들과 기쁨을 함께 나누기로 했지.

"천사 같은 엠마처럼 부드럽고 달콤하며 아주 예쁘고 맛있는 케이크를 만들어야지!"

마틴은 바구니 속 계란을 몽땅 깨뜨렸어. 그리고 계란에 설탕을 섞어 가며 오랫동안 저어 밝은 크림색의 단단한 거품을 만들었지. 거기에 최고급 버터와 밀가루를 아끼지 않고 넣어 반죽을 만들고 방울방울 공기 방울이 맺히자 얼른 빵틀에 반죽을 부어 빵을 구워냈단다.

맛있는 냄새와 함께 반죽은 부풀어 올랐고 드디어 그냥 먹어도 손색없는 아주 크고 달콤한 빵을 만들어 냈지. 평소라면 여기에서 그쳤겠지만, 마틴은 케이크를 장식하는 데도 많은 정성을 기울여 색색의 과일과 꽃잎으로 남부럽지 않게 장식했어.

엠마의 생일잔치에 초대를 받은 동네 사람들은 마틴이 만든 생일 케이크를 보고는 깜짝 놀랐지.

"오~, 엠마는 좋겠네. 이렇게 크고 화려한 케이크는 왕도 받아 보지 못했을 텐데."

"맞아요. 나도 우리 아이들에게 엠마가 받은 것과 같은 특별한 생일 케이크를 선물하고 싶네요."

마틴이 엠마를 위해 만든 생일 케이크에 대한 소문이 사람들의 입에서 입으로 전해졌어. 그렇게 입소문을 타고 특별한 생일 케이크를 주문하는 사람이 끊이질 않았지.

"마틴, 우리 힘을 합해 아이들을 위한 생일 케이크를 전문적으로 만들어 보는 것이 어떤가? 큰 인기를 얻을 걸세."

그 뒤 마틴은 몇몇 뜻을 함께하는 제빵사들과 힘을 모아 생일 케이크를 상품화하였고 크게 성공한 사업가가 되었단다.

이렇게 고대 그리스 시대부터 자식을 사랑하는 마음으로 만든 케이크가 발전해서 달콤한 생일 케이크가 탄생하게 된 거야.

우리 모두 생일 케이크를 앞에 두고 마음속으로 소원을 빌며 촛불을 불 때 훌륭하게 키워 주신 부모님의 은혜에 감사하는 마음을 갖는 걸 잊지 않도록 하자.

부모님의 사랑이 담긴 생일 케이크

1. 아르테미스는 어떤 신일까?

아르테미스는 올림포스 신들의 우두머리인 제우스의 딸이자 아폴론의 쌍둥이 여동생이야. 사냥, 숲, 달과 깊이 연관된 여신이지.

오누이인 아폴론과 아르테미스는 각각 해와 달에 관한 일을 맡아 보았는데, 특히 그녀가 태어나자마자 어머니인 레토의 출산을 도운 일은 아주 유명해. 그래서 고대 그리스에서는 아이를 낳을 때 아르테미스 여신에게 순산을 기원했다고 해.

그리스 신화 속에서 아르테미스는 은활과 금화살을 들고 숲에서 사냥하는 활기찬 모습으로 등장하는데, 그 전에는 다산과 풍요의 상징으로 여겨졌고 오늘날에는 로마 신화의 디아나 여신과 동일시되기도 해.

에페소스 아르테미스 신전의 아르테미스 상

베르사유의 디아나
(아르테미스와 동일시된 디아나), 루브르 박물관

2. 생일 케이크의 단짝, 생일 축하 노래

생일날이면 생일 케이크에 촛불을 켜고 '생일 축하합니다(Happy birthday to you)'를 불러. 사실 이 유명한 노래는 미국의 패티 힐과 밀드레드 힐 자매가 1893년 유치원 교사로 일하  면서 만든 거야. 그런데 원래 이 노랫말은 '모두에게 아침 인사를(Good morning to all)'이고, 유치원 선생님들이 아이들을 맞이할 때 불렀던 노래라고 해. 훗날 이 노래가 어떤 책에 생일 축하 노래로 실리면서 오늘날 전 세계 사람들이 가장 즐겨 부르는 생일 축하 노래가 된 것이지.

스웨덴에서는 생일을 맞은 아이에게 가족이 다 함께 다음과 같은 노래를 불러 주는 풍습이 있다고 해.

> 백 살까지 살 거야. 백 살까지 살 거야.
> 그렇고말고, 살아서 백 년을 경험할 거야.

3. 옛날 어린이들은 어떤 생일 선물을 받았을까?

산업 혁명 기간 동안 기계가 발명되면서 수공업에서 대규모 기계 공업으로 산업이 발달하였어. 이 영향으로 사람들이 생일을 축하하는 방법도 달라졌지. 공장에서 다양한 제품이 대량으로 만들어지고, 이런 제품들을 철도에 실어 먼 곳까지 나를 수 있게 되면서 생일에 쓸 케이크를 비롯한 여러 제품의 값이 싸졌고, 이런 제품을 살 수 있는 집도 늘어난 거야.

그래서 조각 그림 맞추기나 양철 병정 인형 같은 장난감이 공장에서 한꺼번에 많이 생산되었고, 이런 장난감들이 생일 선물로 인기가 좋았다고 해.

🌸 웨딩 케이크는 왜 뾰족한 모양일까?

고대 수메르 사람들은 높은 언덕에 신을 모시는 습관이 있었어. 하지만 그들이 진출한 메소포타미아 지역은 광활한 평지였지. 그들은 고민 끝에 인공적인 탑을 세웠어. 그 당시에는 계단이라는 것을 몰랐기 때문에 나선형으로 오르는 방법을 생각해 냈는데, 사람들은 신에게 가는 길이라 믿고 끊임없이 하늘에 가까워지기를 원했다고 해. 이러한 생각이 뾰족한 탑 모양의 웨딩 케이크로 발전한 거야.

🌸 동양에서는 생일 케이크 대신 떡이라고?

중국에서는 어린아이의 생일은 잘 챙기지 않는 반면 노인의 생일은 중요하게 여긴다고 해. 노인의 생일잔치에 가면 중국식 생일 케이크를 볼 수 있어. 그것은 장수를 상징하는 복숭아처럼 생긴 떡인데, 분홍빛이 도는 윗부분에 설탕을 입히고 속은 달콤한 콩코물로 채워서 만든 거야.

우리나라도 태어난 아기가 별 탈 없이 오래오래 건강하게 살라고 처음 맞는 생일상에 수수팥떡이나 백설기를 올리고 잔치를 하는 풍습이 있어.

백설기

세상에서 가장 특별한 빵 이야기

3

빵 한 개를 훔친 죄로 19년 동안
감옥에 갇힌 장 발장

프랑스를 대표하는 작가 빅토르 위고는 16년에 걸쳐
'불쌍한 사람들'이란 뜻의 소설 《레미제라블》을 썼어.
이 소설의 주인공 장 발장은 빵 한 개를
훔친 죄로 19년 동안 감옥살이를 해야만 했지.
150여 년 전 프랑스의 사회 모습이 잘 드러나 있는,
장 발장에 얽힌 빵 이야기를 들어 볼래?

《레미제라블》의 주인공인 장 발장이 살았던 150여 년 전 프랑스 사회는 가난한 사람들이 먹고살기 힘들었어. 하는 일에 비해 받는 돈은 적었고, 심한 차별을 받았거든. 배고플 때 먹을 것이 하나도 없는 것보다 더 큰 서러움은 없을 거야. 배고픔에 시달리던 시민들은 불합리한 사회를 바꾸고자 들고일어났고, 그 한가운데서 장 발장은 빵 한 개 때문에 순탄하지 못한 삶을 살아야 했어.

1795년, 프랑스의 겨울 추위는 아주 혹독했다고 해. 쉬지 않고 일하는 장 발장이었지만, 겨울에는 일이 없기 때문에 집에는 빵 쪼가리 하나 없었어. 어려운 가정 형편에 누나 손에서 자란 그는 배고픔에 울다 지쳐 잠든 어린 조카들을 지켜 보다 조용히 밖으로 나갔지.

차가운 밤거리에는 사람들의 발길도 뜸했어. 어떻게든 먹을거리를 마련해 보려고 고심하던 장 발장은 빵 가게 앞 진열장에서 발을 멈추었지.

'저 빵 한 개만 있으면 조카들이 배를 곯지 않아도 될 텐데.'

조카들을 생각하던 장 발장은 자기도 모르게 진열장 유리를 깨고 빵 한 개를 들고 달아났어.

"도둑이야, 저놈 잡아라!"

빵 가게 주인이 고래고래 소리를 지르며 쫓아오자, 여기저기서 나온 사람들이 장 발장을 쫓기 시작했어. 결국 얼마 도망가지 못하고 잡힌 장 발장은 경찰에 넘겨졌지.

"죄송합니다. 집에 굶고 있는 아이들이 있어서 저도 모르게 도둑질을 했습니다. 다시는 하지 않겠습니다. 한 번만 용서해 주십시오."

경찰서에 끌려간 장 발장은 겁에 질려 용서를 빌었어.

"죄송합니다. 잘못했습니다. 다시는 죄를 짓지 않겠습니다."

"무슨 죄를 지었는지는 조사해 보면 되겠지. 몸에 지니고 있는 것을 다 꺼내 놔라!"

장 발장은 먹을 것을 마련하기 위해 산에서 몰래 사냥을 하고는 했는데, 그때 사용하던 작은 총이 몸에서 발견되자 죄가 더욱 커졌어. 결국 그는 재판에서 5년 징역형을 선고받고 툴롱의 감옥으로 옮겨졌지.

'누님 혼자서는 아이들을 돌볼 수 없을 텐데. 조카들이 굶어 죽지는 않았을까?'

장 발장은 감옥에서도 항상 자신보다는 밖에서 고생할 가족들을 걱정했어. 남들보다 힘이 세고 날쌘 그는 기회를 엿보다가 감옥에 갇힌 지 4년 째 되던 해, 결국 탈옥을 감행했지.

그러나 금세 붙잡힌 장 발장은 감옥에서 도망친 죄로 징역형이 3년 더 늘어났어. 그 뒤로도 3번이나 더 탈출했지만, 그 때마다 다시 붙잡혀 결국 19년 동안 감옥에 갇혀 지내게 된 거야.

감옥에 들어갈 때만 해도 장 발장은 착한 사람이었어. 그러나 감옥에서 19년을 지내는 동안 장 발장의 머릿속은 자신에게 불행을 안겨 준 세상에 대한 분노로 가득 차 있었지.

'가난한 사람은 아무리 열심히 살아도 끼니 걱정을 해야 하는 이 사회가 잘못된 거야!'

장 발장은 감옥에서 좀처럼 말을 하거나 웃지 않았어. 다만 죄수들을 위한 학교에 가서 읽기, 쓰기, 셈하기 등을 열심히 배웠지. 그것은 오로지 자신에게 죄를 짓게 만든 사회에 복수하기 위해서였어.

1815년 어느 늦은 가을 날, 디뉴라는 작은 마을에 배낭을 멘 남자가 나타났어. 40대 후반처럼 보이는 중년 남자는 몸집이 커서 힘깨나 쓰는 사람 같았지만, 덥수룩한 수염이 지저분하게 자란 얼굴은 검은빛에 가까워 까칠해 보였고 짧은 머리카락과 남루한 옷차림 때문에 초라하게 느껴졌지.

남자는 거리를 두리번거리다 한 음식점으로 들어갔어.

"계십니까? 식사를 하고 하룻밤 묵을 수 있을까요?"
"네. 무엇을 드시겠습니까?"
"따뜻한 것으로 아무거나 부탁드립니다."
대답을 하며 주방에서 나온 음식점 주인이 남자의 행색을 살피더니 건성으로 대답했어.
"잠시만 기다려 주세요."
주방으로 들어간 주인은 심부름하는 아이를 불러 급히 어디로 보내고는 음식할 생각은 하지 않았어. 한참이 지나도 음식이 나오지 않자, 중년 남자는 주인에게 물었지.
"배가 많이 고픈데 음식은 아직 멀었습니까?"
그제서야 주인은 쪽지를 하나 들고 주방에서 나왔어.
"당신에게는 팔 음식도 제공할 잠자리도 없소. 그만 나가 주시오."
"돈은 틀림없이 내겠습니다."
"돈 때문이 아니오. 전과자를 상대하기 싫으니 어서 나가시오."
음식점 주인은 쪽지를 건네며 매서운 눈을 하고는 문을 가리켰어. 쪽지에는 남자의 이름은 장 발장이며, 19년 동안 툴롱 감옥에 있다가 4일 전에 출옥했다고 적혀 있었지.
당시 프랑스에서는 감옥살이를 한 전과자가 새로운 도시로 가면 노란색 통행증을 가지고 관청에 가서 신고를 하고 경찰의 감시를 받아야 했어. 출옥한 장 발장의 주머니에는 19년 동안 감옥에서 일한 대가로 받은 약간의 돈과 노란색 통행증이 들어 있었지.

장 발장은 집으로 돌아가는 길에 끼니를 해결하려고 음식점에 들어갔지만, 곧 전과자라는 사실이 드러나면서 내쫓긴 거야.

"아~, 어차피 마을에 소문이 다 퍼져서 아무도 나를 받아 주지 않을 텐데. 오늘 밤은 당장 어디서 지새워야 하지?"

장 발장은 피곤한 몸을 이끌고 터덜터덜 걸었어. 한참을 걷자 성당이 보였지. 지치고 허기진 그는 성당 입구 돌층계에 쓰러져 누웠어.

그때 성당에서 나온 한 여인이 장 발장을 발견하고는 말을 건넸지.

"아니, 여기서 주무시게요?"

"예. 잘 곳이 마땅치 않아서 그러니 하루만 이해해 주십시오."

"안 돼요. 날씨가 이렇게 추운데 여기서 이러지 말고 어디 여관이라도 찾아보세요."

"나 같은 사람은 아무 여관에서도 받아 주지 않습니다."

"돈이 없는 모양이네요. 정 그렇다면 저기 저 집으로 가 보세요. 저 곳에서는 틀림없이 당신을 받아 줄 거예요."

여인이 가리키는 집에서는 따뜻한 불빛이 새어 나오고 있었어. 그 불빛을 본 장 발장은 따뜻한 곳에서 몸을 녹이고 싶다는 생각이 간절해졌지.

따뜻한 빛으로 둘러싸인 그 집은 가난하고 불우한 사람들을 친구처럼 보살펴 주는 미리엘 신부가 사는 곳이었어. 신부는 항상 문을 활짝 열어 놓고 누구나 들어와 쉴 수 있도록 했지.

"신부님, 우리 마을에 감옥에서 나온 지 며칠 안 된 전과자가 나타났대요. 지금 집집마다 문단속을 하느라 야단이에요."

저녁 식사를 준비하던 하녀가 미리엘 신부에게 말했어.

"오빠, 우리도 문단속을 잘해야겠어요. 혹시 이곳에 오면 ……."

신부의 동생이 말을 끝내기도 전에 현관문을 두드리는 소리가 났지.

"똑 똑 똑."

누이동생과 하녀는 겁에 질려 신부를 쳐다보았지만, 신부는 아무렇지도 않다는 듯이 자리에서 일어나 문을 열었어.

"어서 들어오세요."

신부는 다정한 목소리로 장 발장을 반겼어. 장 발장은 문 안으로 성큼 들어와서 다짜고짜 노란색 종이쪽지를 꺼내 들고는 이야기하기 시작했지.

"나는 장 발장이라는 사람이오. 감옥에서 19년을 살았고, 나흘 전에 풀려났소. 오늘 이곳에 도착하자마자 시청에 가 이 통행증을 보여 주고 신고도 했지. 그런데 그것 때문에 할 수 있는 게 아무것도 없소. 이 마을 사람들 모두가 내가 전과자인 것을 알고는 음식을 팔지 않고, 잠자리도 주지 않아요! 돈은 드릴 테니 먹을 것과 하룻밤 잠자리를 좀 챙겨 주시오."

투덜거리듯 말하는 남자의 목소리는 몹시 거칠고 퉁명스러웠지만, 미리엘 신부는 아무 내색도 하지 않고 집 안을 향해 소리쳤어.

"식사를 1인분 더 준비해 주세요."

장 발장은 당황한 듯 다시 자신의 처지를 말했어.

"나는 전과자요. 그것도 19년 동안 감옥에 있다가 막 출소했단 말이오."

"그런 것은 상관없습니다. 식사가 준비될 때까지 난롯가에서 몸이나 좀 녹이시구려."

신부는 장 발장을 안내하며 하녀에게 말했어.

"손님방 침대에 이부자리 좀 새로 깔아 주세요. 촛불도 더 환하게 하고요."

하녀는 재빨리 은촛대 두 개를 가져와 식탁 위를 밝혔어. 은촛대의 불빛이 부드럽게 퍼지자, 거칠었던 남자의 마음도 조금 누그러지는 것 같았지.

"정말 저를 재워 주신단 말이죠? 방값은 꼭 내겠습니다. 19년 동안 감옥에서 일하고 받은 돈이 조금 남아 있어요."

"돈은 필요 없습니다. 저는 이 마을의 주교이고, 이곳은 예수님의 집입니다. 예수 그리스도 앞에서는 모두가 똑같은 형제일 뿐입니다."

"신부님, 식사 준비가 다 되었습니다."

두 사람은 식탁에 가서 앉았어. 식탁에는 빵, 수프, 양고기, 치즈, 무화과 등 따뜻한 음식이 차려져 있었지.

"그런데 식탁에 빠진 게 있네요."

하녀는 금세 신부의 뜻을 알아차리고는 은그릇을 꺼냈어. 미리엘 신부는 손님과 식사할 때 꼭 은그릇을 사용했지.

"배가 많이 고프실 텐데 어서 드세요."

몹시 배고팠던 장 발장은 음식을 먹으면서 눈부시게 빛나는 은촛대와 은그릇을 힐긋 바라보고는 했어.

식사가 끝나자 하녀는 찬장에 은그릇을 정리해 넣었고, 신부는 장 발장을 침실로 안내하고는 침대 머리맡에 은촛대를 놓았지.

"아무 걱정 말고 푹 자도록 해요. 내일 아침에는 갓 짠 따뜻한 우유를 드리리다."

"고맙습니다, 신부님. 신부님도 안녕히 주무십시오."

몹시 피곤했던 장 발장은 곧 잠에 곯아떨어졌지만, 푹신한 침대가 오히려 불편했는지 새벽 2시에 깨어났어. 다시 잠을 청하려 눈을 감았지만 쉽게 잠은 오지 않았고, 이런저런 잡생각이 떠올랐지.

'은그릇 여섯 벌이라면 200프랑은 나갈 거야. 내가 19년 동안 감옥에서 일하고 번 돈보다 더 많은데…….'

집 안은 조용했어. 장 발장은 조심스럽게 침대에서 내려와서 짐을 챙기고는 살금살금 침실을 빠져나가 신부의 침실을 살짝 엿보았어. 평화로운 얼굴로 잠들어 있는 신부를 보고는 잠시 머뭇거렸지.

'전과자는 쉽게 일자리를 구할 수 없어. 은그릇들을 판다면 얼마 동안은 충분히 쓸 수 있는 돈이 될 거야.'

이윽고 결심한 장 발장은 찬장에서 은그릇을 꺼내 가방에 넣고는 조용히 담을 넘어 재빨리 사라졌지.

이튿날 아침, 명상 중인 신부를 찾아 하녀가 소란스럽게 달려왔어.

"신부님, 큰일 났어요! 은그릇이 감쪽같이 없어졌어요. 그 전과자도 함께 사라진 걸 보니 그 사람이 훔쳐 간 게 틀림없어요."

"그렇게 야단스레 소란 피우지 마세요. 내가 잠시 가지고 있었지만, 은그릇은 원래 가난한 사람들의 것입니다. 더 필요한 사람이 가지고 갔으니 잘 되었지요."

그 때 그들 곁으로 경찰관 두 명이 다가왔어. 그 뒤로는 고개를 푹 숙인 장 발장이 보였지.

"이 사람의 거동이 하도 수상해서 붙잡았더니, 배낭 안에서 은그릇이 나오더군요. 혹시 이 은그릇, 신부님 것이 아닌가요?"

"아~, 당신이었군요. 어째서 은촛대는 가져가지 않았습니까? 은그릇과 함께 드렸던 은촛대를 빠뜨리고 갔더군요."

미리엘 신부는 장 발장을 보며 반갑게 말했어.

"아니 그럼, 이 사람 배낭 안에 있던 은그릇이 훔친 게 아니란 말씀입니까?"

경찰관들은 신부의 말을 듣고는 실망하는 눈치였고, 장 발장은 꿀 먹은 벙어리처럼 아무 말도 못하고 신부의 눈치만 살폈지.

"당신들이 오해를 한 것입니다. 그 은그릇은 내가 이 남자에게 준 것이오. 덕분에 은촛대 마저 챙겨 줄 수 있게 되었으니 잘됐네요."

"전과자가 은그릇을 가지고 있는 것이 수상해서 잡았더니 괜히 헛고생했네요. 그렇다면 저희는 이만 돌아가겠습니다. 이른 아침부터 소란을 피워 죄송합니다. 신부님!"

경찰관들이 장 발장을 풀어 주고 돌아가자 장 발장은 미리엘 신부 앞에 주저앉았어. 그는 신부에게 뭐라 말을 꺼내야 할지 몰랐지.

"신부님……."

장 발장의 목소리는 지난밤과는 사뭇 달랐어. 경찰관들에게 붙잡혀 끌려오면서 이제는 죽을 때까지 감옥에 갇혀 살게 될 거라고 생각했기 때문에 목이 메었었거든.

"이 은그릇과 은촛대는 진실한 사람이 되라고 하느님이 주시는 선물입니다. 받아 주세요."

신부는 장 발장의 두 손을 꼭 잡으며 말했어.

"부디 착하고 바르게 살면서 사랑을 베풀 줄 아는 사람이 되기를 바랍니다. 당신을 위해 기도할게요."

장 발장은 미리엘 신부의 선물을 받고는 다시 길을 떠났어. 사회에 대한 분노로 가득 찼던 그의 마음은 복잡해졌고 말없이 눈물만 계속 흘렀지.

'신부님은 나 같은 전과자를 위해서 기도해 주신다고 하셨어. 정말 훌륭하신 분이야.'

그 순간 눈물과 함께 장 발장의 마음속, 세상을 향한 분노와 복수의 마음이 봄눈 녹듯 사그라졌어.

장 발장 이야기는 우리에게 사랑과 용서의 소중함을 알려 주고 있어. 은그릇을 훔친 죄수를 용서하고 오히려 더 큰 사랑으로 포용한 미리엘 신부의 넉넉하고 강한 힘은 장 발장을 변화시켰지. 용서는 사랑을 낳고, 남의 잘못을 너그럽게 받아들인 관용은 세상과 사람을 따뜻하게 구원할 수 있다는 것을 보여 주는 특별한 이야기야.

대작가 빅토르 위고의 《레미제라블》

1. 프랑스를 대표하는 작가, 빅토르 위고

빅토르 위고가 살던 시기의 프랑스는 1789년 대혁명 이후 아주 혼란스러웠다고 해. 처음에 어머니의 영향을 받아 왕을 지지하던 빅토르 위고는 7월 혁명 이후 줄곧 가난하고 약한 사람들의 편에 서서 자유 민주주의를 위해 소신을 굽히지 않았어. 그러다가 1851년, 나폴레옹 3세가 쿠데타를 일으키자 그를 비판하다가 망명 생활을 하게 되었지.

빅토르 위고

19년 동안 망명 생활을 하면서 쓴 여러 편의 소설 중 대표작이 '불쌍한 사람들'이란 뜻의 《레미제라블》이야. 그의 소설은 혼란기에 불행을 겪어야만 했던 사람들을 사실적이고 애정 어린 눈으로 묘사했으며, 비인간적인 체제에 대한 비판이 담겨 있지.

빅토르 위고는 1871년 민주 정부가 들어선 뒤에야 프랑스로 돌아왔어. 1885년 그가 죽자 간소한 장례식을 부탁한 유언과 달리, 많은 사람들의 추모를 받으며 국민적인 대시인으로 추앙되어 판테온에 묻혔어.

2. 미리엘 신부로부터 구원받은 장 발장은 그 후 어떻게 되었을까?

장 발장은 정체를 숨기고 마들렌이라는 이름으로 공장을 운영하며 가난한 사람들에게 선행을 베풀었어. 그러던 중 자신의 공장에서 일하다가 누명을 쓰고 해고된 팡틴이라는 여자를 알게 되는데, 죽음을 앞둔 그녀는 자신의 딸 코제트를 장 발장에게 부탁하지.

그 무렵, 엉뚱한 사람이 장 발장이라는 혐의를 받고 체포되어 재판을 받게 되자, 장 발장은 자수하여 다시 감옥에 갇혀. 그러나 그는 팡틴과의 약속을 지키기 위하여 물에 빠져 죽은 척 탈출한 후 테나르디에의 여관에서 혹사당하던 코제트를 구해 내 파리로 숨어들어 키웠지.
장 발장은 자신을 주시하는 자베르 경감의 눈을 피해 수도원에서 포슐르방이란 가명으로 살아가며 코제트와 조용히 생활했어.

《레미제라블》 최초판에 나온 코제트의 초상화

세월이 흘러, 예쁜 아가씨로 성장한 코제트는 마리우스라는 청년과 사랑에 빠지게 돼. 자베르 경감을 피해 프랑스를 떠나려던 장 발장은 오히려 목숨을 걸고 정부군과의 싸움에서 총상을 입은 마리우스를 구해. 그리고 마리우스에게 자신이 전과자라는 사실을 밝히지. 코제트를 마리우스와 결혼시킨 장 발장은 자베르 경감의 추적을 피해 코제트의 곁에서 떠나 외로이 지내면서 삶의 희망을 잃고 깊은 병에 걸리게 돼.
그러던 중 악행을 일삼던 테나르디에가 마리우스를 찾아가 자신이 목숨을 구해 준 은인이라며 돈을 요구하고 장 발장을 모함하려 했지만, 오히려 그 덕분에 마리우스는 장 발장이 자신을 구했다는 사실을 알게 돼. 하지만 안타깝게도 마리우스가 코제트와 함께 장 발장을 찾았을 때 이미 그는 죽어가고 있었지. 삶의 마지막 순간에 코제트와 재회한 것을 크게 기뻐하며 장 발장은 편안히 삶을 마감하는 것으로 소설이 끝나. 불후의 명작으로 손꼽히는 작품이니 처음부터 차근차근 읽어 보는 게 좋을 거야.

🌸 장 발장이 훔친 빵은 무엇이었을까?

《레미제라블》은 프랑스를 배경으로 하니까 장 발장이 훔친 빵은 아마 프랑스를 대표하는 바게트의 한 종류가 아니었을까 해.
바게트는 프랑스 어로 '막대기'라는 뜻인데, 밀가루와 소금, 효모를 넣어 만드는 가늘고 길쭉한 몽둥이 모양이야. 기본 재료가 아닌

난 프랑스를 대표하는 빵, 바게트야.

다른 재료를 추가해서 만든 빵은 바게트라는 이름으로 판매할 수 없을 정도로 프랑스 정부에서 엄격하게 관리하고 있지.
바게트를 처음 만들 당시에는 표면이 터지는 것을 막고 식감을 좀 더 좋게 하기 위해 칼집을 넣었지만, 현재는 제빵사 특유의 서명을 의미한다고 해.

🌸 다양한 장르의 예술 작품으로 사랑받는 《레미제라블》

1862년 책으로 발간된 《레미제라블》은 1980년, 프랑스의 대형 체육관에서 뮤지컬로 처음 선보였어. 이후 1985년부터 영국에서 공연을 계속하여 최장기 뮤지컬 기록을 지속하고 있으며, 전 세계에서 다양한 언어로 공

뮤지컬 《레미제라블》의 포스터

연되었지. 또한 여러 차례 영화로도 만들어지면서 대중들에게 친숙해진 작품으로 큰 사랑을 받고 있어.

세상에서 가장 특별한 빵 이야기

예수와 12제자의
마지막 만찬이 된 빵

성찬식을 할 때 빵을 먹고 포도주를 마시는 것을 볼 수 있어. 여기서 빵은 예수의 살을, 포도주는 예수의 피를 상징한다고 해. 예수의 살과 피를 나누며 예수와 믿음을 함께한다는 의미이지. 예수는 죽기 전에 12명의 제자들과 최후의 만찬을 즐겼어. 최후의 만찬과 함께한 특별한 빵 이야기를 살펴볼까?

이탈리아 밀라노에는 세계 문화유산으로 등재되어 있는 산타마리아 델라 그라치에 성당이 있어. 이 성당의 식당에는 세계적으로 유명한 종교화가 있는데, 바로 레오나르도 다 빈치가 그린 〈최후의 만찬〉이라는 벽화 작품이야.

〈최후의 만찬〉에는 예수가 십자가에 못 박혀 죽기 전에 마지막으로 12명의 제자들과 함께 저녁 식사를 하는 모습이 담겨 있어. 예수가 "너희 가운데 한 사람이 나를 팔아넘길 것이다."라고 말하자 제자들이 깜짝 놀라는 장면을 매우 생생하게 표현했지.

특히 그림의 왼쪽에서 5번째 인물, 왼쪽 어깨에 녹색 겉옷을 걸치고 오른손에는 돈주머니를 쥔 유다의 당황스러운 표정을 보면 예수를 팔아넘기려는 사람이 누구인지 짐작할 수 있을 거야.

그렇다면 만찬 자리에서 도대체 무슨 일이 있었는지 알아볼까?

레오나르도 다 빈치의 〈최후의 만찬〉, 1495년~1497년 작, 산타마리아 델라 그라치에 성당 소장

하느님이 이집트의 노예로 살던 이스라엘 민족을 자유롭게 만드신 날을 기념하는 유월절 축제가 열리기 며칠 전이었어.

"예수님, 유월절 음식을 어디에 준비해야 할까요?"

"예루살렘 성 안으로 가면 물 항아리를 나르는 남자를 만날 수 있을 것이다. 그를 따라가서 우리가 유월절 식사를 할 수 있는 방을 보여 달라고 부탁하여라."

제자들은 예수의 말에 따라 남자의 집 다락방에 유월절 음식을 준비했어. 저녁이 되자 예수와 12명의 제자가 한자리에 모였고, 식탁에는 소박하지만 빵과 포도주, 물 그리고 여러 가지 향신료들이 정갈하게 준비되어 있었지.

식사를 하기 전, 예수는 물이 담긴 대야와 수건을 준비하더니 제자인 베드로 앞에 무릎을 꿇고 발을 씻기려 하였어. 그런 일은 하인들이나 하는 것이었기 때문에 모두들 깜짝 놀라며 발을 감추었지.

"예수님께 제 발을 맡길 수는 없습니다."

"네 발을 씻기지 못하면 너는 나의 일부가 될 수 없다. 그러니 어서 발을 내밀어라."

그렇게 12제자들의 발을 다 씻긴 후에야 예수는 제자들과 식탁에 앉았어.

"내가 너희의 발을 씻기면서 주인이 하인보다 더 중요하지 않음을 몸소 보여 주었으니, 너희도 다른 이의 발을 씻겨야 한다. 항상 겸손하게 타인을 대하여라."

말을 마친 예수는 몹시 슬픈 얼굴을 하고는 침묵하였어. 뭔가 잘못되었다는 느낌을 받은 제자들은 조용히 예수를 바라보았지. 자신에게 죽음의 그림자가 다가와 더 이상 제자들과 함께할 수 없음을 알고 있었던 예수는 마침내 낮은 목소리로 말을 이었어.

"너희 중 한 사람이 나를 배신하고 팔아넘길 것이다."

예수의 청천벽력 같은 말 한마디에 제자들은 깜짝 놀랐어. 제자들은 누가 스승을 팔아먹은 배신자일까 추측하느라 정신이 없었지.

"나는 절대 아니야!"

"물론, 나도 아니지."
모두들 이렇게 자신은 아니라고 하자, 베드로가 예수에게 물었어.
"예수님, 예수님을 배신한 자가 누구입니까? 어서 말씀해 주십시오."
마태오도 대답을 재촉했지.
"예수여! 도대체 그 자가 누구란 말씀입니까?"
제자들의 성화를 못 이기고 예수가 마침내 입을 열었어.
"내가 이 빵을 주는 사람이다."
예수가 빵 한 조각을 유다에게 내밀자, 순식간에 분위기가 이상해졌어.

유다는 예수가 다른 제자들에게 배신자가 자신이라는 것을 알려 주었는데도 시치미를 떼고 되물었지.

"스승님, 저는 아니겠지요?"

"네가 하려는 일을 어서 하여라."

예수는 마치 유다에게 새겨들으라는 듯이 덧붙였어.

"나를 팔아넘긴 그 사람은 화를 당할 것이니, 그는 차라리 태어나지 않았더라면 좋았을 것이다."

사실 유다는 셈이 빨라서 12제자 모임의 회계를 맡아보았어. 그러면서 기회가 있을 때마다 돈을 몰래몰래 가로챘지.

어느 날, 유다는 마리아가 값비싼 향유를 아낌없이 예수의 발에 들이붓는 것을 보고는 못마땅해 했어.

"이 향유를 팔아 가난한 이들에게 나누어 주면 좋았을 텐데……."

그런데 사실 이 말은 가난한 사람들을 생각한 것이 아니었어.

'저 향유를 비싸게 팔면 그 돈의 일부를 가로챌 수 있었을 텐데.'

유다의 속마음을 안 예수가 그를 꾸짖자, 마음이 상한 유다는 그길로 유대교의 대제사장을 찾아갔어. 당시 유대교에서는 예수를 눈엣가시로 여겼거든.

"제가 예수를 당신들에게 넘겨주겠습니다."

"예수를 우리에게 넘겨주겠다니, 그 말을 믿어도 되겠는가?"

"물론이지요. 저는 거짓말쟁이가 아닙니다."

"만약 그렇게 해 준다면 은 30개를 주도록 하지."

이때부터 유다는 예수를 팔아넘길 기회만 엿보고 있었던 거야.

다른 제자들은 예수와 유다의 대화를 이해하지 못해 어리둥절했어.

'유다가 하려는 일을 어서 하라는 게 무슨 뜻이지? 유다가 모임의 돈을 관리하니까 가난한 이들을 위해 유월절 축제에 필요한 것을 사라고 하시는 건가?'

태연한 척 표정을 유지하던 유다는 빵을 받고 밖으로 나가, 바로 대제사장들이 있는 곳으로 달려갔지.

자신에게 남은 시간이 그리 많지 않다는 것을 아는 예수는 다시 제자들을 향해 조용히 말했어.

"조금 있으면 나는 너희를 떠나 고난을 겪을 테지만, 그 모습을 보고 근심하지 말거라."

"예수님, 어디를 가시겠다는 것입니까? 말씀이 너무 어려워서 이해할 수가 없습니다."

"나는 하느님 곁으로 간다. 너희는 모두 나를 버리고 흩어지겠지만, 하느님이 성령을 보내 너희를 보살필 것이니 너무 두려워하지 말거라."

"저희가 예수님을 버리다니요? 말도 안 됩니다. 모두 예수님께 등을 돌릴지라도 저는 아닙니다."

예수의 말에 베드로가 소리치자 다른 제자들도 동조했어.

"저희는 예수님과 함께 죽을지언정 그런 일은 결코 없을 것입니다."

예수는 담담히 빵 한 덩어리를 들고 하느님께 감사 기도를 드렸어. 그리고 그 빵을 작게 잘라 제자들에게 나누어 주었지.

"어서 이 빵을 먹어라. 이것은 내가 너희에게 주는 내 몸이다."

"이 빵이 예수님의 몸이라고요?"

"그렇다. 나는 하느님이 모든 인간들을 위해 이 땅에 보내신 생명의 빵이다. 나에게 오는 사람은 결코 배고프지 않을 것이니, 이 빵을 먹고 나를 기념하여라."

예수는 다시 포도주 잔을 들어 감사의 기도를 올리고는 제자들에게 건넸어. 제자들은 잔을 돌려가며 조금씩 맛보았지.

"지금 마시는 포도주는 나의 피다. 많은 사람을 위하여 내가 흘리는 약속의 피다. 나를 믿는 사람은 결코 목마르지 않을 것이니 이것을 마시고 나를 기억하여라."

식사를 마친 후, 예수는 제자들과 찬송가를 부르며 예루살렘 부근의 동산에 올랐어. 예수는 앞으로 다가올 끔찍한 시간에 맞설 수 있는 용기를 달라고 하느님께 기도를 드렸지.

"하느님 아버지, 때가 됐습니다. 아버지께서 저를 보내셨다는 것을 세상이 믿게 해 주소서."

그때, 유다가 대제사장들과 병사들을 이끌고 예수를 잡으러 왔어. 예수는 심문을 받으며 온갖 고초를 겪다가 이튿날, 골고다 언덕으로 무거운 십자가를 지고 올라갔지. 이윽고 정오가 되자 자신이 지고 올랐던 십자가에 못질을 당하여 고통스럽게 숨을 거두고 말았어.

　최후의 만찬에서 예수가 제자들에게 나누어 준 것은 단순한 빵이 아니었어. 만찬 후 예수는 죄를 지은 인간 대신 죽음으로써 희생하는 모습을 보여 주었고, 예수가 준 빵을 먹은 제자들은 예수를 믿음으로써 구원 받을 수 있다는 것을 증명하였지. 최후의 만찬 속 빵은 생명, 즉 구원이라는 특별한 의미를 담고 있는 거야.

예수와 12제자의 최후의 만찬

1. 최후의 만찬은 어떤 모습일까?

최후의 만찬은 오랫동안 예술 작품의 소재로 널리 쓰여 왔어. 복음서마다 약간의 차이를 보이기는 하지만 식사 도중 예수가 자신에게 다가올 죽음을 예언하며 배신자를 지목하고, 빵과 포도주를 제자들에게 나누어 주는 성찬식을 제정하는 모습을 나타내고 있지. 이처럼 최후의 만찬은 단순한 식사 장면이 아니라 예수의 희생과 구원을 기념하는 행위인 거야.

15세기 이탈리아에서는 많은 사람들이 함께 식사하는 수도원 식당의 긴 벽에 최후의 만찬이 즐겨 그려졌는데, 그중 대표적인 작품이 우리가 잘 알고 있는 레오나르도 다 빈치의 〈최후의 만찬〉이지.

그 밖에도 시기별로 미술사를 대표하는 작가들이 그린 〈최후의 만찬〉을 살펴보는 것만으로도 큰 감동을 받을 수 있을 거야.

후안 후아네스, 〈최후의 만찬〉
1560년경 작, 에스파냐 마드리드 프라도 미술관 소장

2. 성찬식은 무엇일까?

성찬식은 예수의 수난을 기념하는 기독교의 의식을 말해. 아주 옛날부터 기독교도들은 성서에 쓰여 있는 예수의 말에 따라 빵을 작게 잘라 나누고 포도주를 함께 마시며 예수가 제자들에게 준 가르침을 되새겼지. 오늘날에는 빵은 대개 작은 과자로 대신하고, 포도주 혹은 포도 주스를 작은 잔에 따라 나누며 예전에 비해 의식은 간소화되었어. 하지만 예수의 희생을 기리는 마음은 변함이 없지.

오늘날의 성찬식 모습

3. 예수를 배반한 유다는 어떻게 되었을까?

예수의 12제자 가운데 한 사람인 유다는 예수를 배반한 죄로 기독교도들 사이에서 최대의 죄인이자 악마의 하수인, 배신자의 대명사로 불려. 그렇다면 죄인의 최후는 어땠을까?

예수가 십자가형을 선고받자 양심의 가책을 느낀 유다는 자신이 한 행동을 후회하며 대제사장들에게 가서 은 30개를 돌려주면서 "내가 죄 없는 사람을 팔아넘겨 죽게 만든 죄를 범하였다."라고 고백해. 하지만 대제사장들은 "그게 우리들과 무슨 상관이냐? 그것은 네 일이다."라고 잡아뗐어. 그러자 유다는 예수를 팔아 받은 은을 유대교 성전 안에다 내던지고는 스스로 목숨을 끊었다고 해.

유다의 입맞춤

🌸 성경에서 빵을 나누어 먹는 것은 어떤 의미가 있을까?

이스라엘 사람들에게 빵은 생명의 음식이야. 당시에 밀은 아주 귀했기 때문에 서민들은 주로 보리빵을 먹었어. 마지막 만찬 속 빵 역시 예수의 고된 앞날을 예견하듯 거친 보리빵이었을 거라고 해. 그들에게 빵을 나누어 먹는다는 것은 큰 의미가 있어. 어떤 사람과 빵을 자주 나누어 먹는다는 것은 그 사람과 가까운 사이, 곧 친구임을 뜻하였지. 빵을 나누어 먹으면서 하나의 공동체를 이루었기 때문에 배고픈 이에게 빵을 나누어 주지 않는 것은 죄가 되었어.

예수는 수많은 사람들에게 '하느님의 빵은 하늘에서 내려와 생명을 주는 빵'이라고 말하면서 본인이 바로 그 '생명의 빵'이라고 선언하고 다녔다고 해. 나아가 빵을 나눈다는 것은 생명, 즉 구원을 나눈다는 의미가 되기 때문에 성경에서 또는 성경과 관련된 예술 작품에서 빵을 나누는 모습을 자주 볼 수 있는 거야.

〈빵과 물고기를 나누어 주시는 예수님〉
500년~526년경
이탈리아의 성 아폴리나레 누오보 성당

바르톨로메 에스테반 무리요의
〈순례자들에게 빵을 나눠 주는
아기 예수〉
1678년 작, 부다페스트 미술관

세상에서 가장 특별한 빵 이야기

5

군인들의 전투력을 높이기 위해 만들어진

건빵

납작한 비스킷 모양의 건빵은
어른들이 즐겨 찾는 추억의 간식이지만,
그 시작은 일본 군인들의 전투 식량이었다고 해.
오래 보관할 수 있고 휴대하기 간편한 건빵 덕분에
일본은 아무도 예상하지 못했던 승리를 거두고
우리나라를 식민지화할 수 있었지.
건빵이 탄생하게 된 이야기 속으로 들어가 볼까?

건빵을 먹어 본 적 있니? 아니면 '건빵 바지'라는 말을 들어 본 적 있니? 건빵은 단맛이 적고, 수분 함량이 6% 이하가 되도록 바짝 구운 마른 빵이야. 부드럽고 달콤한 다른 빵에 비하면 먹기에 좀 딱딱하고 퍽퍽할 거야. 요즘 어린이들은 건빵을 즐겨 찾지 않지만, 30~40년 전만 해도 서민들의 간식거리로 큰 인기를 누렸지.

건빵은 원래 전쟁을 치르는 군인들을 위해 만들어진 전투 식량이라고 해. 그러다 전쟁이 끝나고 배고픈 시절, 가난한 서민들의 배를 채워 주었고 담백한 맛을 좋아하는 일반인에게도 사랑받았지. 지금은 보존성이 뛰어나 비상시에 구호물품으로도 쓰이고 있어. 이런 건빵이 어떻게 만들어지게 되었는지 알아볼까?

건빵

건빵의 원형을 찾다 보면 로마 시대에 만들어진 '비스킷'까지 거슬러 올라가. 장기간 보존할 수 있는 장점 때문에 주로 밀을 주식으로 하는 서양에서 군인과 배를 타는 선원들의 식량으로 이용되었지.

"이번에 바다에 나가면 얼마나 있게 되지?"

"잘 모르겠지만, 다시 그 딱딱한 비스킷을 먹을 생각만 하면 벌써부터 이가 다 아프네."

"육지에 닻을 내리기 전까지는 달리 먹을 게 없으니 굶어 죽지 않기 위해 먹기는 하지만, 비스킷은 너무 딱딱한 것 같아. 내 친구는 발등에 떨어진 비스킷 때문에 뼈가 부러진 적이 있다네."

특히 나무로만 배를 만들던 시기에는 배 안에서 불 피우는 것을 꺼렸고, 음식이 상하기 쉬운 습한 바다의 특성상 비스킷은 보존성을 높이기 위해 여러 번 구워 아주 딱딱했다고 해.

요즘 우리가 먹는 건빵을 생각해 보면 퍽퍽하기는 하지만, 딱딱하다는 말을 이해하기 힘들 거야.

우리나라 사람들에게 익숙한 건빵은 일본에서 들여온 것인데, 서양의 비스킷이 일본의 건빵으로 거듭 개선되어 전해진 것이지.

일본은 16세기경 서양 사람들과 접촉하면서 빵의 존재를 알게 되었어. 그 후 근대화를 앞당기기 위해 일찍부터 서양 문물을 받아들이면서 빵을 일본식으로 개량하였지. 건빵도 그 중 하나라고 보면 돼.

당시 일본은 계속된 내란으로 온 나라가 혼란스러웠어. 서양의 선원들이 먹는 비스킷을 본 군사 지도자들은 전투 식량으로 마른밥 대신 비스킷에 관심을 가졌지.

"멀리서 배를 타고 온 자들이 가져온 물건들을 본 적 있나?"

"그럼, 장군께서 보여 주셨지. 신기한 것들이 많더군. 장군께서는 특히 '비스킷'이라는 것에 큰 관심을 보이셨네."

"그게 뭔가?"

"식량의 일종인데, 멀리서 온 자들이 그것을 먹고 바다 위에서 오랫동안 버틸 수 있었다고 하더군. 전투할 때 밥 대신 간편하게 먹을 수 있을 것 같네."

"그럼 우리 병사들의 전투력이 높아지는 데 큰 도움이 되겠군."

"그런데 전투 식량으로 바로 이용하기에는 문제가 좀 있네."

"무엇이 문제가 되는데?"

"너무 딱딱하고 맛이 없다네. 부하들에게 먹여 봤는데, 이런 것을 전투 식량으로 먹으면 사기가 떨어질 것 같다고 하더군. 모두들 입을 모아 마른밥이 더 낫다고 했네."

"그래? 좋다 말았군."

"하지만 장군께서는 포기하지 않으셨네. 그래서 떡 만드는 상인에게 이 문제를 해결해 보라고 명령을 내리셨지."

일본 내부에서 싸움이 끊이지 않던 혼란기에 어떤 장군은 전투 때 밥을 짓는 것보다 미리 만들어 놓은 빵이 훨씬 효율적일 것이라고 판단했어. 그의 명령을 받아 일본식 빵을 처음으로 만든 에가와 히데타쓰는 일본식 건빵의 원형인 '효로빵'을 개발하게 된 거야.

그 후 일본 지도자들이 침략 전쟁을 확대하면서 효로빵을 거듭 개선했고, 마침내 오늘날과 같은 모습의 건빵이 탄생하게 되었지. 특히 러일 전쟁 때 일본이 승리한 것은 건빵 덕분이라는 이야기도 있어.

"일본이 미국 함대에 강제로 개항을 당한 지 어언 20년이 지났다. 우리는 그동안 부국강병을 이루고자 뼈를 깎는 노력을 거듭해 왔지. 이제 우리의 노력이 결실을 맺을 때가 왔다."

"맞습니다."

"가장 빨리 큰 결실을 얻기 위해서는 어떻게 해야 하지?"

일본의 앞날을 결정할 회의는 치열하게 계속되었어.

"영국의 국력이 강한 것은 식민지를 많이 두었기 때문입니다. 일본도 서양 열강처럼 식민지를 많이 만들어야 합니다."

"그렇습니다. 지금 서양 열강들은 청나라를 식민지로 차지하기 위해 혈안이 되어 있습니다. 일본도 어서 섬 밖으로 진출해야 합니다."

"그렇다면 가까운 조선을 발판으로 삼아 아시아로 나가자!"

일본은 1876년 조선을 무력으로 위협하여 강화도 조약을 맺은 후 강제로 개항시켰어. 그런데 일본뿐만 아니라 조선을 둘러싼 강대국들의 이해관계가 복잡하게 얽혀 있었지. 청나라는 조선에서의 기득권을 잃지 않으려 했고, 러시아는 겨울에도 얼지 않는 항구를 확보하기 위해 조선으로 진출하고자 했어.

"지금 청나라는 서양 열강의 잦은 침략으로 국력이 바닥났습니다. 어차피 피할 수 없는 싸움이라면 지금이 더할 나위 없이 좋은 기회입니다."

일본은 먼저 청나라를 상대로 전쟁을 벌였어. 1894년 조선에서 동학 농민 운동이 일어나 청나라가 구원병을 파견하자, 일본도 덩달아 군대를 파견하고는 한반도에서 청일 전쟁을 일으킨 거야.

일본군은 선전 포고도 없이 인천 앞바다에 정박해 있던 청나라 함대에 포를 쏘고는 북으로 빠르게 진격하여 랴오둥 반도를 차지했지.

"항복할 테니 전쟁을 멈춰 주시오. 이제 더 이상 우리 청나라는 조선에 간섭하지 않겠소."

청나라가 아무리 힘이 빠졌다고 해도, 일본에 쉽게 무너질리 없다고 생각했던 서양 열강들은 일본의 승리에 충격을 받았어. 특히 조선에 관심이 컸던 러시아는 가만히 있을 수가 없었지.

"일본을 가만두면 큰일 나겠습니다. 남쪽으로 진출하려는 우리의 정책에 가장 큰 방해가 될 것입니다."

러시아는 독일과 프랑스를 끌어들여 랴오둥 반도를 청나라에 돌려주라고 일본에 외교적 압력을 행사했어. 세 강대국과 맞서기에 힘이 부족했던 일본은 그들의 말을 따를 수밖에 없었지.

일본이 러시아의 힘에 밀려 물러서자, 러시아는 만주를 점령하고 조선에서 청나라를 대신해 큰 영향력을 행사했어.

"이대로 물러서면 안 됩니다."

"맞습니다. 청나라를 이긴 것은 우리 일본인데 정작 러시아가 많은 이익을 챙기고, 조선의 일에도 사사건건 간섭하고 있습니다. 전쟁을 치르더라도 러시아에 빼앗긴 것들을 되찾아 와야 합니다."

"지금 러시아와 전쟁을 치른다면 질 게 뻔합니다. 일단은 만주에서 러시아의 지배권을 인정해 주고, 대신 조선에 대한 권리를 되찾아 와야 합니다."

"전쟁을 두려워할 필요는 없습니다. 대일본 제국은 청나라를 한 방에 물리친 후 사기가 아주 높습니다."

"러시아는 청나라와 다릅니다. 지금은 몸을 낮춰 군사력을 키우고 무기를 늘려 훗날을 기약해야 합니다."

"그 말도 일리가 있지만, 이대로 러시아가 하는 짓을 두고 볼 수는 없습니다."

"그렇다면 세계 곳곳에서 러시아와 맞서고 있는 영국과 손을 잡는 것은 어떨까요? 그러면 러시아도 함부로 행동하지는 못할 것입니다. 그렇게 시간을 벌어 놓고 전쟁을 준비하도록 합시다."

결국 1902년 1월, 영국과 동맹을 맺은 일본은 전쟁 준비에 박차를 가했어.

"언제든지 러시아와 전쟁을 치를 수 있도록 만반의 준비를 해 놔야 한다."

"쉽지 않을 것입니다. 러시아에는 전 세계 최강이라 불리는 발트 함대가 있고, 군사력과 화력도 만만치 않습니다."

군인들의 전투력을 높이기 위해 만들어진 건빵

"전쟁을 시작하면 반드시 이겨야 한다. 우리 일본에게 패배는 절대 있을 수 없다. 일본의 승리를 위해 가장 필요한 것은 무엇이지?"

"먼저 군인들의 사기를 높여야 합니다. 일본군은 아주 용맹스럽지만, 아직 서양 군대에 대한 막연한 두려움을 가지고 있습니다."

"군인들의 사기라……. 어떻게 해야 사기를 빨리 높일 수 있을까?"

"우선, 군인들을 굶기지 않고 잘 먹여야겠지요."

"맞습니다. 러시아와 전쟁을 치르면 추운 북쪽으로 전쟁터가 확대될 게 뻔합니다. 전투 식량 보급이 전쟁의 승패를 좌우할 것입니다."

"게다가 전쟁이 장기화될수록 기초 체력의 차이가 드러날 것입니다. 재빨리 진격하는 데 도움이 될 전투 식량을 개발해야 합니다."

"그렇습니다. 그래서 장기간 보관이 가능하고 운반하기에 편리한 전투 식량을 개발하려고 합니다."

"그러면 효로빵을 좀 더 개선해 보는 것은 어떨까요? 수분 함량을 더 낮춘다면 보관성이 좋아질 테고 가벼워서 운반하기에도 좋겠죠."

"좋다. 총력을 기울여 하루빨리 결과물을 내놓도록 하라!"

취사 장교는 관련된 군인들과 제빵사들을 비상소집했어.

"효로빵을 개선하여 최고의 전투 식량을 만들어야 한다. 우리 일본 제국의 앞날이 달린 일이니 지체할 시간이 없다."

"밀가루로만 빵을 만들면 영양가가 부족합니다."

"그 문제라면, 밀가루에 쌀가루와 계란 등을 넣어 배합하고 맥주 이스트로 발효시키면 해결할 수 있습니다."

밤낮없이 매달려 효로빵을 개선한 후, 시식회를 가졌을 때였어.

"이 전투 식량은 얼마나 보존할 수 있지?"

"한두 달 정도는 가능할 것입니다."

"한두 달 가지고는 어림도 없지. 게다가 이렇게 부스러지면 군인들이 가지고 다니기가 불편하잖아!"

"죄송합니다. 바로 고치겠습니다."

군인들과 제빵사들은 보존성을 높이고자 수분 함유량을 더 낮추고 쉽게 부스러지는 것을 방지하기 위해 반죽에 구멍을 뚫어 구웠어. 마침내 이상적인 전투 식량을 개발한 그들은 다시 시식회를 가졌지.

새로운 전투 식량은 좋은 평가를 받았어.

"이 정도면 바로 전쟁터에 투입해도 되겠어."

"추운 지방에 보급하려면 열량을 좀 더 높여야 하지 않을까?"

"그래서 설탕으로 만든 별사탕을 함께 제공하려고 합니다. 설탕과 함께 먹으면 물 없이 먹어도 목이 메지 않을 것입니다."

"좋은 생각이야. 그런데 이것을 뭐라고 불러야 하나?"

"갑면포(甲 갑옷 갑, 麵 밀가루 면, 麭 빵 포)나 간단하게 마른 빵이란 뜻의 건(乾 마를 건)빵이라고 하는 것은 어떻겠습니까?"

"갑면포도 건빵도 좋으니 어서 대량 생산할 수 있게 준비하도록!"

이렇게 건빵은 전쟁을 대비한 전투 식량으로 새롭게 탄생한 거야.

1904년 2월 8일, 중국 랴오둥 반도의 항구에 정박해 있던 러시아 함대가 화염에 휩싸였어. 러시아 해군을 무력화시킨 일본군은 러시아군이 제대로 대항하기 전에 승기를 잡고자 밥 먹는 시간도 아껴 가며 북쪽으로 진격했지.

바로 건빵 덕분에 이런 전술이 가능했던 거야.
서양 열강들은 모두 일본이 러시아의 상대가 안 된다고 생각했지만, 일본은 모두의 예상을 뒤엎고 러일 전쟁을 승리로 이끌었어. 건빵은 식사 준비에 별도의 시간이 필요하지 않고 전투 중에도 바로 먹을 수 있어 전투 식량으로 안성맞춤이었지.
'작은 고추가 맵다.'는 속담을 떠올리게 하는 건빵은 비록 작지만 아주 특별하고 효율적으로 이용된 빵임에 틀림없어.

구호품이 된 다양한 전투 식량

1. 각 나라의 전투 식량은 어떻게 발전해 왔을까?

　전투 식량은 전쟁 때 간편하게 지니고 다니면서 먹을 수 있도록 만든 것으로, 그 역사는 인류의 역사만큼 길고 종류도 다양해.

　고대 병사들은 육포 혹은 생쌀을 먹으며 굶주림과 싸우거나 전쟁터 주변의 민가에서 식량을 약탈하면서 전쟁을 치렀어. 그 후 식품을 보관하는 방법이 개발되면서 전투 식량은 큰 변화를 겪게 돼.

　나폴레옹은 식품을 장기간 보관할 수 있는 기술을 공개 모집했는데, 그 때 선택된 것이 바로 병조림 기술이야. 병조림 기술은 유리병에 조리한 식품을 담고, 살균 밀폐시켜 비교적 장기간 음식물을 보관할 수 있게 하였지. 병조림 전투 식량 덕분에 프랑스군은 연승을 거둘 수 있었다고 해.

　프랑스의 라이벌인 영국은 통조림 기술을 발명해 냈어. 통조림은 병조림보다 훨씬 오래 식품 보관을 가능하게 했고, 파손의 위험성도 적었지.

　이와 함께 곡물을 굽고 말린 형태의 크래커나 비스킷 같은 마른 빵류가 전투 식량에 포함되었어. 중동 지역에서 처음 만들어진 마른 빵은 십자군 전쟁을 거치면서 유럽에 전해졌고, 보존성이 좋아 선원들과 각국 해군에 의해 전 세계로 퍼져 나갔지.

옛날에 선원들이 물에 불려 끓여 먹었던 비스킷의 모습

　미군은 1960년대에 레토르트 식품을 전투 식량으로 개발했어. 레토르트 식품은 플라스틱 필름에 조리가 완료된 음식을 넣고 공기나 수분이 통하지 않도록 밀봉하여 가열 살균한 것을 말해.

오늘날에는 레토르트 식품이 더욱 발전하여 전투 식량에 발열 팩이 추가 되었어. 발열 팩 덕분에 불 없이도 따뜻한 음식을 먹을 수 있게 되었지. 요즈음 레토르트 전투 식량은 전 세계의 재난 지역에 보급되어 비상식량 으로 사용되기도 해.

미군의 전투 식량 패키지

2. 건빵이란 말은 어떻게 생겨났을까?

처음으로 일본식 빵을 만든 사람은 에가와 히데타 쓰라고 해. 그는 전투 때 밥을 짓는 것보다 만들어 놓은 빵이 훨씬 효율적일 것이라는 생각에 전투 식 량인 '효로(兵 병사 병, 糧 양식 량)빵'을 개발했어. 그 후 강력한 서양식 군대의 매력에 빠진 일본 통치 자들은 전투 식량으로 빵이 안성맞춤이라 생각하 고 개선을 거듭했지. 그 결과 '갑면포'가 개발되었

일본식 빵을 처음 만든 에가와 히데타쓰

고, 이 갑면포가 '간팡'이라고도 불렸어. 여기에 마른 빵이란 의미의 乾 (마를 건)을 붙여 오늘날 우리에게 익숙한 건빵이 된 거야.

🌸 우리나라의 전투 식량은 어떻게 발전해 왔을까?

우리나라 전투 식량의 역사는 삼국 시대까지 거슬러 올라가. 신라의 군인들은 전투 식량으로 북어와 각종 잡곡을 모아 가루 형태로 만들어 먹었다고 해. 이것이 오늘날 미숫가루의 기원이라고 할 수 있지.

미숫가루

1940년대에는 우리나라에 많은 일본인 제빵업자가 이주해 살면서 건빵을 만들었어. 한국인 최초로 건빵을 만든 이순택 할아버지는 일본인 제빵 공장에 취직했다가 기계 다루는 방법과 건빵 만드는 법을 알게 되었고, 해방 후에 일본인들이 기계를 두고 일본으로 돌아가자 그 기계를 이용해 건빵을 만들어 냈지. 건빵은 전쟁의 폐허 속에서 굶주려 있었던 일반인들에게 좋은 비상식량이었어. 그 후 6.25 전쟁 때 건빵은 대표적인 전투 식량으로 자리 잡게 되었어. 북한군에 잡힌 이순택 할아버지는 북한군을 위해 건빵을 만들었고, 남한군이 서울을 탈환한 후에는 부산으로 피난해서 건빵을 군에 보급했다고 해. 오늘날에는 미군의 영향을 받아 발열 팩을 포함한 레토르트 전투 식량이 일반화되었어. 게다가 전투 식량의 식단은 한국인들의 입맛에 맞게 밥과 김치 등을 포함한 한국식으로 바꾸어 군인들의 사기를 높이고 있지.

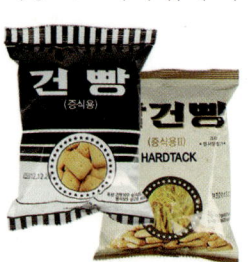

우리나라의 대표적인 전투 식량, 건빵

세상에서 가장 특별한 빵 이야기

6

제갈량의 지혜가 담긴
만두

밀가루를 반죽하여 만든 얇은 만두피 속에
고기와 채소를 듬뿍 넣어 쪄 낸 만두.
그런데 우리가 즐겨 먹는 만두가
중국 삼국 시대의 전략가인 제갈량과 관계있다는 것을 아니?
제갈량에 얽힌 만두 이야기를 살펴보자!

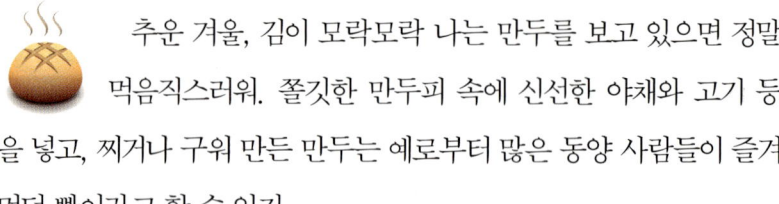 추운 겨울, 김이 모락모락 나는 만두를 보고 있으면 정말 먹음직스러워. 쫄깃한 만두피 속에 신선한 야채와 고기 등을 넣고, 찌거나 구워 만든 만두는 예로부터 많은 동양 사람들이 즐겨 먹던 빵이라고 할 수 있지.

그런데 맛있는 만두가 탄생하는 과정에 우리가 잘 알고 있는 어떤 위인이 관련되어 있다는 걸 알고 있니? 바로 《삼국지》에 아주 뛰어난 전략가로 등장하는 제갈량이야. 그가 촉나라의 남쪽에 살고 있던 이민족을 정벌하는 과정에서 만두가 만들어졌다고 해. 살벌한 전쟁터에서 만두가 어떻게 탄생하게 되었는지 알아볼까?

제갈량을 재상으로 삼고 위·촉·오 삼국 통일을 꿈꾸던 유비가 죽자, 제갈량은 서둘러 유비의 아들인 유선으로 하여금 촉나라의 황제 자리를 잇게 하고는 나라 안팎을 정비했어.

어느 정도 나라가 안정될 즈음, 제갈량은 '평만지장도'라는 지도를 손에 넣었어. 바로 촉나라의 남쪽 땅, 남만 일대를 손금 들여다보듯 한눈에 보여 주는 그런 지도였지.

때마침 남만의 왕인 맹획이 10만 대군을 일으켜 국경 지역을 위협한다는 소식이 들려오자, 제갈량은 유선의 앞에 나가 아뢰었어.

"폐하, 남만을 지금 굴복시키지 않으면 나라의 큰 근심거리가 될 것입니다. 신이 직접 대군을 이끌고 가서 무찌르겠습니다."

제갈량은 남쪽으로 이동하면서 여러 오랑캐들을 물리쳤지만, 마지막까지 강렬히 저항하는 맹획은 만만한 상대가 아니었지.

남만 일대의 지도를 보던 제갈량은 병법에 능한 마속을 불러 맹획을 사로잡을 방법을 의논했어.

"어떻게 해야 맹획을 사로잡을 수 있겠소?"

"단순히 맹획을 잡기는 쉽습니다. 하지만 남만은 지리적으로 험난하고 넓은 곳이기 때문에 힘으로 그들을 제압하더라도 그 순간에 불과할 것입니다. 사방으로 흩어져 다시 힘을 키운 또 다른 맹획이 나타나겠지요. 그들은 금세 배반하고 반란을 일으킬 것입니다."

"내 생각도 그대와 같소. 이번 정벌은 남만 왕의 마음을 굴복시켜야 끝날 것이오."

그렇게 남만 지역을 굴복시킬 방향을 잡은 제갈량은 뛰어난 계책으로 몇 번이나 맹획을 사로잡았어.

하지만 그럴 때마다 맹획은 '한순간의 실수로', '산길이 험해서', '부하들이 배신을 해서', '속임수에 넘어가서' 등 갖가지 핑계를 대며 항복하기를 거부했어. 그러면 제갈량은 아무 말없이 맹획을 융숭하게 대접하고는 놓아주었지. 그가 진심으로 굴복할 때까지 생포했다가 계속 풀어준 거야.

맹획이 일곱 번째 사로잡혔을 때, 제갈량은 한 장수를 보내 포박을 풀어 주고 또다시 술과 음식을 대접했어. 맹획이 어느 정도 기운을 차리자, 장수는 제갈량의 말을 전했지.

"공의 체면을 위해 재상께서 더 이상 만나지 않겠다고 하셨습니다. 그리고 남은 병사들을 이끌고 빨리 돌아가서 군사를 다시 모은 후, 승부를 다시 겨루고 싶다는 말을 남기셨습니다."

이 말에 맹획은 눈물을 흘리며 대답했어.

"아무리 너그러운 장수라도 적의 우두머리를 일곱 번 사로잡았다가 일곱 번 놓아주었다는 말은 들어본 적 없습니다. 내 비록 그대들이 보기에 야만의 땅에 살고는 있지만, 그렇다고 예의나 수치를 모르는 것은 아닙니다."

맹획은 형제와 처자, 군사를 이끌고 제갈량 앞에 나아가 말했어.

"남만의 왕, 맹획이 하늘과 같은 재상의 위엄에 무릎 꿇습니다. 저희 무리가 다시 태어나는 은혜를 입었거늘 어찌 복종하지 않겠습니까?"

"진심으로 항복하겠다는 뜻이냐?"

"그러하옵니다. 재상께서 여러 번 살려 주신 은혜를 대대손손 잊지 않을 것입니다. 앞으로 다시는 함부로 군사를 일으켜 촉나라에 반기를 들지 않겠습니다."

"그동안 정복한 땅을 모두 돌려줄 것이니 부디 잘 다스리길 바란다. 그 대신 남만은 촉나라의 신하로서 충성을 다하고 의리를 지켜야 할 것이다."

제갈량은 비록 수많은 전쟁을 치르면서 다수의 사상자를 냈지만, 맹획을 일곱 번 사로잡았다 풀어 주면서 진심에서 우러나오는 항복을 받아낸 거야.

지혜롭게 남만을 정벌한 제갈량이 군사를 이끌고 촉나라로 돌아가기 위해 '노수'라는 강에 이르렀을 때였어. 맑았던 하늘이 갑자기 흐려지면서 먹구름이 몰려와 사방이 어두워지고 사나운 바람이 휘몰아쳤지. 게다가 모래바람이 눈앞을 가려 한 치 앞도 볼 수 없었어.

"이크, 하늘이 노했나 봐!"

"전투에서 힘들게 승리해 놓고 여기에서 다 죽는 거야?"

싸움에 승리하여 들떠 있던 촉나라 병사들은 이것이 하늘이 내리는 벌이라며 어찌할 바를 몰랐고, 아무도 강을 건널 엄두를 못 냈지.

잠시 후 세찬 바람과 함께 굵은 빗줄기가 쏟아지자 상황은 더 나빠졌어. 온 세상이 캄캄해진데다 강물까지 불어나는 바람에 군마들이 날뛰고 겁을 먹은 군사들이 동요하면서 행렬은 엉망이 되었지.

'이러다가 모조리 떼죽음을 당하고 말겠다.'

사태의 심각성을 깨달은 제갈량이 급히 맹획을 불러 원인을 묻자, 제갈량의 근심 어린 표정을 본 맹획은 나지막한 목소리로 말문을 열었어.

"노수에는 옛날부터 강의 신이 살고 있습니다. 그 신이 한번 노하면 그 노여움이 풀릴 때까지 아무도 강을 건널 수가 없습니다."

입을 굳게 다문 채 생각에 잠겨 있던 제갈량이 맹획에게 되물었어.

"그렇다면, 예전에도 이런 일이 있었단 말인가?"

"예, 그렇사옵니다."

"그때는 어떻게 신의 노여움을 풀었는가?"

"노수에 살고 있는 강의 신에게 제사를 지냈습니다."

"제사를 어떻게 지내야 신의 노여움을 풀 수 있지?"

"예로부터 남만에서는 사람 마흔아홉 명, 검정 소 한 마리, 그리고 흰 양 한 마리의 목을 베어다가 제사를 지냈습니다. 그리하면 거짓말처럼 바람이 멈추고 물결이 고요해져 강을 건널 수 있었습니다."

맹획의 대답을 들은 제갈량은 지난날 서로 싸우다가 노수에 빠진 수많은 병사들이 떠올랐어.

'모두 나의 죄다. 남만을 정벌하기 위해 아깝게 죽어 간 목숨들의 원한 때문에 벌어진 일이구나…….'

"남만 정벌을 위해 희생된 모든 이들을 위해 오늘 밤 제사를 올릴 것이니 어서 준비하도록 하라."

"맹획의 말처럼 제사를 지내려면 마흔아홉 명의 사람을 희생시켜야 하는데, 어떻게 해야 합니까?"

부하의 말을 듣는 순간 제갈량은 남몰래 한숨을 내쉬었어.

'남만을 정벌하는 동안 그토록 무수한 사람들의 목숨을 빼앗았는데, 또다시 마흔아홉 명의 목숨을 바쳐야 한다니…….'

제갈량은 비바람에 출렁이는 노수를 바라보며 고민에 빠졌어. 그 순간 그의 머릿속에 퍼뜩 떠오르는 생각이 있었지.

'제사를 올릴 때 가장 중요한 것은 신의 마음을 움직일 수 있도록 참된 정성을 다하는 것이다. 만약 정성이 가득하다면 신에게 바치는 제물이 반드시 사람이어야 할 필요는 없지 않을까? 사람의 목숨을 대신할 만한 정성스런 제물을 만들면 될 것이다!'

마음을 굳힌 제갈량은 부하에게 명령을 내렸어.

"어서 빨리 검정 소와 흰 양을 한 마리씩 잡도록 하라."

"예, 서두르겠습니다. 그런데 사람의 머리는 어떻게 해야 합니까?"

"일단 밀가루를 정성스럽게 잘 반죽해 두거라."

"아니, 갑자기 왜 밀가루 반죽을 찾으십니까?"

제갈량은 아주 진지한 표정으로 대답했어.

"지금껏 수많은 사람들을 희생시켰는데, 여기서 어떻게 더 사람들을 제물로 바치겠는가. 밀가루를 반죽하여 사람의 머리 모양처럼 만들고 그 속에 쇠고기와 양고기를 채워 넣도록 하게."

"재상의 깊은 뜻은 알겠지만, 잘못해서 신의 더 큰 노여움을 사지 않을까요?"

"신은 인간보다 분명히 아량이 넓을 게야. 죄를 뉘우치고 지혜롭게 행동하는 인간이라면 신께서도 분명히 도와주시겠지. 그러니 걱정하지 말고 내 말을 따라 정성스럽게 제물을 만들고 제사 준비를 철저히 하라."

병사들은 정성을 다해 빚은 밀가루 음식을 물에 삶아 제사상에 올렸어. 제갈량은 스스로 제관이 되어 몸을 깨끗이 하고 제단 앞에 섰지.

"촉나라의 재상 제갈량이 삼가 엎드려 노수의 신께 고하나이다. 일찍이 이곳 남만 땅은 중국의 중심부로부터 멀리 떨어져 있어 문명의 혜택을 누리지 못하였습니다. 그러던 중 우리 촉나라에서 이곳에 문명을 전하고자 왔사오니 헤아려 주십시오.

 또한 남만의 우두머리 맹획은 어리석게도 촉나라에 무모하게 맞서 지은 죄가 많사옵니다. 우리가 남만을 정벌하면서 흘린 피가 이곳 노수로 흘러들어 강물을 더럽혔습니다. 이 큰 죄를 무엇으로 갚겠습니까? 부디 여기 올리는 음식을 드시고 노여움을 푸시기 바랍니다. 제발 촉나라로 돌아가는 길을 열어 주시기를 바라나이다."

제갈량은 그렇게 제문을 읽고 나서 종이로 만든 돈을 태웠어. 그리고는 향을 피워 죽은 넋들을 위로했지.

제사를 지내고 나서 얼마나 지났을까? 신기하게도 먹구름이 걷히고 파도가 가라앉으며 강물이 고요해졌어.

"우아~, 재상께서 간절히 제사를 올리니 노수의 신이 노여움을 푸셨다. 역시 제갈량의 지혜는 이 세상 그 누구도 따라갈 수 없어!"

"그러게 말이야. 재상님이 아니었다면 우리들 중 마흔아홉 명은 제물이 되었을 텐데."

"두말할 필요 없이 재상님은 정말 대단하신 분이야."

병사들은 입을 모아 제갈량의 지혜를 칭송했어.

"저희들의 가여운 목숨을 살려 주신 재상님, 감사합니다."

"이제 안심하고 고향으로 돌아갈 수 있게 되었어. 재상님, 참으로 고맙습니다."

울부짖으며 넙죽 땅에 엎드려 절을 하는 병사들도 있었지.

"그런데 우리의 생명을 구한 저 음식을 뭐라고 하면 좋을까?"

호기심이 많은 한 병사가 말을 꺼내자, 주위의 병사들이 관심을 보였어.

"사람의 머리 모양이니 '머리 두'자를 넣으면 될 것 같아."

"맞아, 생김새가 사람 머리를 닮았으니 '사람 인'과 '머리 두' 자를 써서 '인두'라고 하면 어떨까?"

"인두라고 부르면 사람 머리를 먹는 거잖아. 너무 잔인하지 않아?"

"그럼 앞 글자를 다른 글자로 바꾸면 되겠네."

모여 있던 병사들이 한마디씩 하자, 이내 많은 의견들이 쏟아졌어.

"어쨌든 노수의 신을 속인 거잖아. 이를테면 기만한 것이지."

"그럼 '속일 만'에 '머리 두'를 써서 '만두'라고 하면 되겠네."

"만두라? 만두. 아주 그럴듯한 이름일세."

"그럼 앞으로 이 음식 이름을 만두라고 부르면 되겠네."

촉나라의 병사들은 모두 고개를 끄덕이며 좋아했어. 고향으로 돌아간 그들은 남만 정벌의 무용담을 늘어놓으며 만두 이야기를 빼놓지 않았고 이때부터 사람들의 입에 만두라는 이름이 오르내리게 된 거야.

이처럼 만두는 사람의 목숨을 소중히 여긴 제갈량의 지혜가 깃들어 있는 아주 특별한 빵이야. 이제부터 만두를 먹을 때 제갈량에 얽힌 이야기를 떠올려 봐. 그러면 어려움이 닥쳤을 때 슬기롭게 대처하는 사람이 될 수 있을 거야.

인명을 귀하게 여긴 제갈량의 만두

1. 제갈량은 누구일까?

제갈량은 중국 삼국 시대 촉나라의 정치가야. 성은 제갈, 이름은 양, 호는 와룡으로 때를 기다리며 누워 있는 용이라는 뜻의 '와룡 선생'으로 불렸지. 제갈량을 말할 때 유비와의 관계를 빼놓을 수 없어. 유비가 삼국 통일을 이룩할 인재들을 맞아들이면서 제갈량과의 사이에서 남긴 일화는 '삼고초려'라는 고사성어로 전해지고 있지. 삼고초려는 "오두막집을 세 번이나 찾아갔다."는 데서 나온 말로, 뛰어난 인재를 얻기 위하여 참을성 있게 노력한다는 뜻을 담고 있어. 삼고초려를 통해 유비의 사람이 된 제갈량은 자신의 지혜를 다해 유비를 보좌했고, 제갈량의 도움으로 촉나라를 세운 유비는 그를 재상으로 삼았어.

제갈량

2. 제갈량의 남만 정벌과 칠종칠금

제갈량이 남만의 왕, 맹획을 일곱 번 사로잡았다가 놓아준 기묘한 싸움을 두고 후세 사람들은 칠종칠금(七 일곱 칠, 縱 놓아줄 종, 七 일곱 칠, 擒 사로잡을 금)이라고 해. 마음으로 남만을 평정한 제갈량이 떠난 뒤 남만 사람들은 제갈량의 은덕을 기리기 위해 사당을 지어 제사를 지냈으며, 제갈량을 '인자한 아버지'란 뜻에서 '자부'라고 불렀지. 살아 있는 사람을 모시기 위해 사당을 짓는 것은 매우 드문 일이었으니, 남만 사람들이 제갈량의 은혜에 얼마나 고마워했는지 짐작할 수 있겠지?

3. 중국에서 전해진 음식, 만두

간단한 한 끼 식사로 많은 사람들이 즐겨 찾는 만두는 본래 중국 남만인들이 처음 만들어 먹은 음식이야. 정확한 시기는 알 수 없지만 고려 시대에 우리나라에 전래되었고, 처음 전래된 모습은 지금 우리가 즐겨 먹는 만두의 모습보다는 찐빵에 가까웠다고 해.

만두라는 말은 조선 시대에 쓰여진 《영접도감의궤》에 처음 나오는데, 중국에서 온 사신을 대접하기 위하여 특별히 만들었고 그 후에는 궁중의 잔칫상에도 종종 올랐다고 하는 기록이 전해지고 있어. 궁중 음식이었던 만두가 백성들에게 전해지면서 오늘날처럼 지역에 따라 다양한 모습으로 발전한 거야.

4. 설날을 대표하는 음식, 만두

추운 겨울철, 한반도의 북쪽에 사는 사람들이 즐겨 만들어 먹었던 만두는 복(福)을 싸서 먹는다는 의미가 더해지면서 설에 많이 만들어 먹는 음식이 되었어. 그런데 설날이면 떡국을 먹지 않느냐고? 그 말도 맞아.

만둣국 먹고 복 많이 받아라.

우리나라는 지역의 자연환경에 따라 농사짓는 작물이 달라지기 때문에 음식 문화가 다르게 발전해 왔어. 벼농사를 많이 짓는 남부 지역에서는 쌀로 만든 떡을 넣어 떡국을 끓여 먹고, 밀농사를 많이 짓는 북부 지방에서는 밀로 만든 만두를 넣어 만둣국을 끓여 먹었던 거야.

🌸 《삼국지》의 영웅, 제갈량

중국 양쯔 강 상류에 있는 쓰촨 성의 청두에는 1500년의 역사를 가진 무후사가 있어. 무후사는 유비와 제갈량을 비롯하여 《삼국지》에 등장하는 인물들을 모신 사당으로 삼국지의 역사를 상징하는 명소이지.

제갈량을 모시는 사당의 현판에 쓰인 '명수우주'는 '이름이 온 천하에 울린다.'라는 뜻으로 당나라를 대표하는 시인 두보가 무후사에 들러 제갈량을 기리며 쓴 시의 한 구절이라고 해.

무후사 내 제갈량을 위한 사당

🌸 중국 만두와 한국 만두, 무엇이 다를까?

한국에서는 밀가루로 만든 얇은 반죽에 고기, 두부, 야채 등의 소를 넣어 만든 음식을 만두라고 해. 하지만 중국에서는 이러한 음식은 '교자'라고 하고, 우리가 흔히 먹는 호빵처럼 밀가루 반죽을 발효시켜 껍질을 두껍게 만든 것을 만두라고 하지. 특히 고기나 팥을 소로 넣은 것을 포자(빠오즈)라 하고, 소를 넣지 않은 것을 만두라고 한다니까 중국 여행 중에 헷갈려하지 말자.

또한 중국의 교자는 재료의 물기를 짜내지 않고 그대로 넣어 만들기 때문에, 터지면서 뜨거운 육즙이 입 안 가득 흘러 나와. 입천장을 데지 않으려면 조심히 먹어야겠지?

세상에서 가장 특별한 빵 이야기

7

최고의 재료로 건강한 빵을 굽는
김영모 제과 명장

17살 때부터 제빵사 보조로 일을 시작한 김영모 파티시에. 그의 꿈은 세상에서 가장 맛있는 빵을 만드는 것이었어. 김영모 파티시에는 꿈을 이루기 위해 끊임없이 노력하여 2007년에 대한민국 제과 명장으로 선정되었지. 자신의 이름을 내건 '김영모 과자점'에서 빵을 만들며 행복을 키워 가는 그의 이야기를 들어 볼까?

하얀 제빵모가 잘 어울리는 제과 기능장! '제과 기능장'이란 과자와 빵을 만드는 데 최고의 기술을 가진 전문가를 말해. 우리나라에서 가장 유명한 제과 기능장을 꼽으라면 김영모 파티시에(과자나 케이크 등을 전문적으로 만드는 사람)를 들 수 있을 거야.

김영모 파티시에가 고등학교를 그만두고 대한민국을 대표하는 제빵사가 되기까지 어떤 일이 있었는지, 맛있는 빵을 구울 때 가장 행복하다는 그의 이야기를 한번 들어 보도록 하자.

김영모는 1953년 1월 전라남도 해남에서 태어났어. 그는 가정 형편상 아주 어렸을 때부터 어머니와 떨어져 외롭게 살았지.

집에 들어가도 아무도 반기는 사람이 없었던 영모는 학교가 끝난 후 근처 빵집 앞에 우두커니 앉아 김이 모락모락 나는 갓 만든 빵을 지켜보고 있었어. 방치되다시피 자란 그는 늘 배가 고팠지

"아, 저 빵 하나만 먹으면 소원이 없겠다. 얼마나 맛있을까?"

"이 녀석, 계속 여기에 앉아 있으면 어떡하니. 빨리 집에 가서 밥 먹고 숙제해야지."

영모가 불쌍해 보였는지 빵집 주인은 가끔씩 빵을 건네주었어.

"고맙습니다. 정말 고맙습니다."

그럴 때면 어린 영모는 머리가 땅에 닿도록 인사를 했어. 그리고는 세상에서 가장 맛있는 빵을 먹으며 이렇게 다짐했지.

'이 다음에 어른이 되면 빵을 만들어서 배불리 먹어야지. 언젠가는 내 이름을 내건 빵집도 열 거야!'

얼마 지나지 않아 아버지 집을 뛰쳐나온 영모는 친척 집을 옮겨 다니며 살았어. 그렇게 전전하며 눈칫밥을 먹는 것은 무척 괴로웠지.
'이렇게 살 바엔 차라리 빵집에 들어가서 일을 배우는 게 좋겠어.'
집을 나온 영모는 빵집이 보이면 무조건 문을 열고 들어갔어.
"어떤 일이든 시켜만 주세요. 열심히 하겠습니다."
수십 번을 거절당했지만, 쉽게 포기하지 않았던 그는 결국 17살의 어린 나이에 대구에서 제빵사 보조로 빵과 관련된 일을 하게 되었지.
일을 시작하기는 했지만 빵을 만들기는커녕 하루 종일 연탄가스를 마시며 오븐의 온도를 조절했어. 게다가 좋아하는 빵을 배불리 먹고 싶어서 제빵사가 되자고 결심했지만 빵은 구경조차 할 수 없었지.

직접 빵을 만들고 싶었던 영모는 잠을 줄여 가며 어깨너머로 제빵사들이 일하는 모습을 지켜봤어. 누구도 자기 기술을 알려 주려 하지 않았기에 눈치껏 보며 혼자서 방법을 연구했지.

그러던 어느 날, 사장에게 불만이 쌓인 공장장이 말도 없이 출근을 하지 않는 일이 일어났어.

"오늘 만들어서 배달해야 할 빵이 산더미인데, 어떡하지?"

"저기 사장님, 제가 한번 만들어 보겠습니다."

"뭐라고? 들어온 지 1년도 채 되지 않았으면서, 할 수 있겠어?"

"예. 비록 정식으로 배우지는 않았지만, 맛은 있을 겁니다."

"그래? 그럼 얼른 시작해 봐."

별 뾰족한 수가 없었던 사장은 영모의 말을 믿어 보기로 했어.

"이걸 진짜 네가 만들었다고? 직접 눈으로 봤으면서도 믿을 수가 없네. 정말 맛있어."

이 일로 영모는 사장의 신임을 얻었지만, 공장장의 눈 밖에 나 힘든 생활을 하게 되었어. 사람들의 따돌림은 공장장이 다른 곳으로 옮길 때까지 계속되었지. 결국 모든 어려움을 참고 묵묵히 제 할 일을 한 영모는 21살에 공장장이 되어 꿈을 향한 첫 발을 내딛을 수 있었어.

제 손으로 빵을 만든다는 기쁨에 밤낮없이 몸을 사리지 않고 일하던 어느 날, 영모는 기침을 심하게 하기 시작했어. 처음에는 단순히 감기인 줄 알고 그냥 지나쳤는데, 기침은 멎을 기미를 보이지 않았지.

"영모야, 아무래도 이상하다. 얼른 병원에 가 봐."

주위 사람들의 성화에 못 이겨 병원에 간 영모는 진찰을 한 의사 선생님으로부터 놀라운 말을 들었어.

"폐결핵입니다. 전염의 위험성이 크니 사람들과 떨어진 곳에서 서둘러 치료를 받아야 해요."

결국 영모는 빵 공장을 그만 두고 공기 좋은 암자로 들어가 6개월간 결핵을 치료할 수밖에 없었어. 가까스로 병을 극복한 영모가 서울에서 자리를 잡자 이번에는 더 큰 시련이 닥쳐왔지. 바로 군대에 가게 된 거야.

'빵 만드는 데 있어 손의 감각이 무엇보다 중요한데, 지금 군대에 가게 되면 나는 그 동안 힘들게 익힌 감각을 모두 잃게 될 거야.'

걱정이 앞선 영모는 군대에서 탈영할 기회만 노리고 있었어. 그러던 즈음, 그는 자신의 인생을 바꿀 책을 읽게 되었는데, 바로 데일 카네기가 쓴 《행복론》이었지.

> 최악의 경우를 생각하라.
> 최악의 경우를 그대로 받아들일 마음의 준비를 하라.
> 최악의 경우를 개선하라.

이 3문장은 영모에게 잊고 있었던 꿈, 목표를 떠올리게 했어.

'내가 지금 이러고 있을 때가 아니야. 걱정만 하다가는 아무것도 할 수 없지!'

　휴가를 나온 영모는 지인이 하는 제과점이나 군대에 가기 전에 일했던 곳에 가서 일을 도왔고, 부대로 복귀할 때에는 제빵과 관련된 책들을 사다가 열심히 읽었어. 책은 그에게 자신감과 열정을 심어 주었지.
　'제대하면 꼭 제빵사 시험을 볼 거야!'
　목표가 생긴 영모는 빵 만드는 감각을 잃지 않기 위해서 노력했어. 눈만 뜨면 행주나 걸레를 밀가루 반죽이라 생각하고 손에서 놓지 않았고, 밤에 보초를 설 때는 나뭇가지를 꺾어 케이크에 얹을 꽃 만드는 연습을 했지.

그렇게 어린 시절과 군대에서 고생하며 눈물 젖은 빵을 먹어 본 영모는 제대를 한 후에도 오로지 빵 만드는 일에 전념했어. 맛있는 빵, 새로운 빵을 만들기 위해 수고를 마다하지 않았지.

그는 일을 하는 틈틈이 유명한 빵집을 돌아다니며 제빵사가 빵 만드는 모습을 하나하나 눈여겨보고는 자신의 것으로 만들기 위해 밤새도록 연습을 거듭했어. 생각대로 잘 안될 때면 속이 상해서 손등을 물어뜯기도 했기 때문에 손등은 성할 날이 없었지.

'내가 있는 곳이 어디든, 그곳이 바로 빵을 만드는 주방이야.'

이런 생각으로 어디서나 틈만 나면 빵 만드는 연습을 한 결과 그의 기술은 하루가 다르게 좋아졌어. 그렇게 노력한 김영모는 마침내 우리나라에서 가장 유명한 제과점에 스카우트되었지.

하지만 어린 나이에 실력을 인정받은 영모에게 동료들은 텃세를 부렸어.

"케이크 좀 만들 줄 안다고 어린놈이 이래라저래라 참견하는 것을 못 견디겠다!"

"그러게. 기껏해야 케이크 좀 만들 줄 아는 거지. 운이 좋은 거야."

동료들의 핀잔에도 묵묵히 자기 할 일을 한 영모는 금세 실력으로 모든 것을 극복하고 공장장의 자리에까지 올랐어.

공장장의 자리에 오른 그는 제과업계의 잘못된 관행을 바꾸기로 했어. 빵을 만드는 세세한 방법을 모든 직원들에게 공개한 거야. 몰라서 묻는 사람에게는 무엇이든 친절하게 설명해 주었지.

'나 혼자만 알고 있으면 내 할 일만 더 많아질 뿐이야. 많은 사람이 지식과 정보를 함께 나누면 역할을 분담할 수 있고 뛰어난 아이디어가 모이면 품질은 더 좋아질 수밖에 없지!'

김영모는 이런 생각으로 직원들을 열심히 가르쳤어. 그렇게 경험을 쌓으며 자신의 이름을 내건 가게를 열겠다는 꿈을 이루기 위해 버는 돈의 대부분을 저축했지.

그 결과, 1982년 서울 서초동에 직원 3명과 함께 6평의 작은 제과점을 열고 '김영모 과자점'이란 간판을 내걸었어.

'드디어 나만의 빵 가게가 생겼구나. 내 이름을 걸고 이 세상에서 가장 맛있는 빵과 과자를 만들어야지!'

"사장님, 잠시 쉬었다 하세요. 그러다가 쓰러지시겠어요."

자신의 가게를 낸 김영모는 오븐 앞을 떠나지 않았어.

"별소리를 다하네. 내 가게를 열겠다는 꿈을 이제 막 이루었는데, 억울해서라도 그럴 수 없지."

즐겁게, 정성을 다해 빵을 굽는 '김영모 과자점'은 금세 손님들의 인정을 받았어. 하지만 김영모는 자만하지 않고 손님들의 조언이나 요구를 바로바로 반영하며 빵의 품질을 더욱 철저히 관리했지. 그런 노력 덕분에 유명 프랜차이즈 빵집의 적극적인 마케팅 속에서도 자신의 가게를 지켜 낼 수 있었어.

김영모는 기회가 닿을 때마다 빵을 배우기 위해 세계 여러 나라를 돌아다녔어. 크리스마스이브 전날 유럽 여러 나라를 둘러보고 한국에 도착한 그는 피곤한 몸을 이끌고 크리스마스 케이크의 상태를 점검하기 위해 가게에 들렀지.

"사장님, 잘 다녀오셨습니까?"

"그래. 이번에도 배워 온 것이 아주 많아. 그새 별일 없었지? 크리스마스 케이크가 어떻게 됐는지 궁금해서 잠시 들렀네."

"예. 잘 마무리해서 지하실에 쌓아 두었습니다."

"뭐라고? 케이크를 지하실에 두었다고?"

직원들은 크리스마스에 몰려들 주문을 대비해 4백 개의 케이크를 만들어 놓고는, 둘 공간이 모자라서 지하 창고에 쌓아 둔 거야. 김영모는 급히 지하실에 내려가 케이크를 살펴보았지. 미세하지만 지하실의 퀴퀴한 냄새가 케이크에 배어 있었어.

"모두들 이 케이크의 냄새를 한번 맡아보게. 지하실 특유의 냄새가 케이크에서 나지 않나?"

"약간 냄새가 나는 것 같기도 하지만, 먹는 데는 아무 지장이 없을 겁니다."

직원들은 이렇게 말했지만 김영모는 이런 상태의 케이크를 팔 수는 없다고 생각했어.

"이것들을 몽땅 내다 버리게."

"사장님, 이 케이크를 다 내버리면 내일 어떻게 하실려고요?"

"크리스마스 케이크를 팔지 못해도 좋아. 하지만 내 이름을 걸고 연 가게에서 이런 제품을 팔 수는 없지!"

직원들은 비통한 심정으로 4백 개의 케이크를 모두 내버렸어. 개중에는 안타까운 마음에 훌쩍훌쩍 우는 사람들도 있었지.

김영모는 주저 없이 팔을 걷어붙이고 케이크를 만들기 시작했어. 직원들도 모두 작업대 앞에서 그와 함께했지.

"너무 늦었으니, 퇴근할 사람은 돌아가도 됩니다."

하지만 자리를 뜨는 사람은 아무도 없었어. 모두가 한마음으로 정성을 다해 케이크를 만드는 데 집중했고, 결국 새벽까지 이어진 작업으로 4백 개의 케이크를 다시 만들어 냈지.

"모두들 고생많았어요."

김영모는 좋은 재료, 빵을 만드는 정성스러운 과정, 고객을 생각하는 정직한 마음 등 자신이 세워 놓은 기준에 차지 않는 빵이 나오면 망설임 없이 쓰레기통에 넣어 버렸어. 그리고 깐깐하다고 생각할 수 있음에도 자신을 믿고 따라 준 직원들에게 고마워했지.

빵을 만들수록 맛있고 몸에 좋은 빵을 만들고 싶다는 욕심이 생긴 김영모는 1980년대 초부터 일 년이면 서너 차례씩 해외 연수를 다녀왔어. 한 번 다녀올 때마다 새로운 정보를 빽빽이 적은 공책이 서너 권씩은 될 정도였지. 특히 그는 국내에 맞는 유산균을 찾고, 배양 기술을 익히기 위해 프랑스를 자주 방문했어. 그리고 외국에서 배워 온 기술이나 비법을 우리 실정에 맞게 만들기 위해 노력했지.

그 결과, 김영모는 제빵업계 최초로 유산균 발효, 과일 발효 등 천연 발효법을 도입하여 건강에 좋고 소화가 잘되는 빵을 만들어 낼 수 있었어. 사실 이 방법은 오래 전부터 알려져 있었지만, 현장에 적용하려면 시간이 많이 걸리기 때문에 많은 제빵사들이 도입하길 꺼려하던 자연 친화적 방법이었지.

"사장님, 보통 빵 굽는 데 3시간 정도면 충분하지만 천연 발효법을 사용하면 10시간도 넘게 걸려요. 어떻게 감당하시려고요?"

"손님들에게 최고의 빵을 드리기 위해서는 어떠한 어려움도 무릅써야지. 좋다는 걸 알면서도 힘들다는 것 때문에 포기할 수는 없잖아."

사실 그가 건강한 빵에 관심을 갖기 시작한 것은 우리나라에 유기농 바람이 불기 전이었어. 밥을 주식으로 하는 한국인들이었기에 빵을 먹으면 거북하다는 손님들의 의견에 귀를 기울였던 거지. 그리고 마침내 '천연 발효'라는 말조차 생소하던 때에 인공 첨가물 대신 자연 발효된 반죽으로 소화가 잘되는 건강한 빵을 만들게 된 거야.

김영모는 단순히 이스트를 넣지 않고 천연 발효로 만든 빵을 건강한 빵이라고 말하지 않아. 그는 건강에 좋은 빵, 맛있는 빵을 만드는 방법을 묻는 사람들에게 이런 조언을 해 주곤 하지.

"가장 중요한 것은 재료입니다. 밀가루, 설탕 등은 유기농 제품을 사용하고 거기에 쌀가루, 발아현미, 메밀가루 등 순 한국식 식재료를 추가하죠. 그렇게 좋은 재료를 감미료나 첨가제 없이 충분히 반죽하고 발효시켜 만든 빵은 우리 몸에 좋고 맛있을 수밖에 없습니다."

또한 자신의 경영 철학에 대해 이렇게 말하곤 했어.

"저는 지금까지 단 한 번도 돈을 목표로 빵을 만든 적이 없습니다. 그렇기 때문에 프랜차이즈를 하고 싶지 않아요. 기계로 찍어내면 빵에 정성이 덜 들어갈 수밖에 없죠. 소비자들의 건강은 물론 다양해지는 입맛에도 딱 맞는 그런 빵을 계속 만들고 싶습니다."

김영모는 매일매일 변해 가는 소비자들의 입맛을 사로잡기 위해 신제품 개발에도 정성을 쏟으며 맛있는 빵과 과자를 만드는 방법을 책으로 펴내기도 했어. 그 결과 《행복한 빵의 세계》라는 책으로 2006년 '구어만드 세계 요리책 경연 대회'에서 디저트 책 부문 대상을 받기도 했지.

오로지 맛있는 빵과 과자를 만들기 위해 정성을 다한 김영모는 제과 제빵의 명장으로 우뚝 섰어. 정직과 신용을 바탕으로 오직 한 우물을 판 뚝심이 그를 성공으로 이끈 거야.

김영모 파티시에는 나이가 60이 넘은 지금도 6곳의 매장에서 200여 명의 직원들과 함께 세상에서 가장 맛있는 빵을 만들기 위해 노력하고 있어.

"제과 명장이 빵을 안 만들면 뭘 하겠습니까? 저는 맛있는 빵을 구울 때가 제일 행복합니다."

빠르게 발전해 가는 한국식 빵

1. 한국 빵의 역사

한국 사람들이 주로 먹는 빵은 일본에서 전해진 것이 그 원형이라고 할 수 있어. 16세기 초반, 포르투갈 신부들이 선교를 위해 일본 남쪽 지방에 들어왔고, 그들을 통해 전해진 유럽의 빵은 일본인들에 의해 개량되었지. 이런 일본식 빵이 강화도 조약 이후 조선에 소개된 거야.

식민지 시대에 한국에서 일본인들이 제분·제과 관련 산업을 장악하면서 일본식 빵은 더욱 확산되었어. 이러한 경향이 바뀐 것은 해방 후, 미군이 남한에 주둔하면서부터야. 일제 강점기 때 일본인 제빵사들과 일했던 한국인들이 미군에서 쏟아져 나오는 밀가루, 설탕, 버터 등을 이용해 제과점을 차리고 일본식, 미국식 빵을 만든 것이지.

초기에는 작은 동네 빵집이 난립했지만, 6.25 전쟁 이후에는 주한 미군과 군대, 초등학교 급식용으로 납품하기 위한 빵을 공장에서 대량으로 만들기 시작했어. 여기에 쌀 생산량 부족으로 나라에서 분식을 장려하자 빵이 빠르게 대중화되면서 개인이 운영하는 빵집이 늘어났지. 그 후 잘나가는 소규모의 빵집이 프랜차이즈화 되면서 대형 빵집이 한국 빵을 대표하게 된 거야.

70년대 대한 제과 협회의 '과자 회관' 모습

하지만 1990년대 이후 해외여행이 늘고 세계화로 인해 한국인들이 다양한 유럽의 빵을 맛보고 자연 친화적인 빵을 선호하면서, 최근에는 공장에서 만든 빵이 대부분이었던 한국에 새로운 빵의 세계가 열리고 있어.

2. '구어만드 요리책 경연 대회'는 무엇일까?

'구어만드 요리책 경연 대회'는 스페인의 구어만드 출판사가 1995년부터 매년 개최국을 달리해 여는 세계 최대의 요리책 경연 대회야. '요리책계의 아카데미상'이라고 불릴 만큼 권위 있는 대회지. 김영모 파티시에는 2006년 4월, 말레이시아 쿠알라룸푸르에서 열린 대회에서 디저트 책 부문 대상을 받았어. 이는 한국인 최초의 수상이어서 더 의미가 깊다고 해.

세계 여러 나라에서 열리는 구어만드 요리책 경연 대회

3. 지역 사회와 빵을 나누는 김영모 제과 명장

김영모 파티시에는 자신이 가진 빵 만드는 기술을 하늘이 주신 선물로 생각하고 이를 어려운 지역 주민들을 위해 나누고 있어. 자신의 이름을 건 가게를 연 이후로 줄곧 양로원이나 고아원 등 가난하고 소외된 이웃을 위해 따뜻한 빵을 만들어 나눔으로써 봉사를 하고 있는 거야.

젊은 시절 결핵으로 힘든 시절을 보냈었고, 가난 때문에 눈물 젖은 빵을 먹어 본 적 있는 김영모 파티시에는 한 달이면 2천 개에 가까운 빵을 지역 사회와 함께 나누고 있어. 나아가 그와 뜻을 같이하는 기능인들이 함께해 준다니까 더욱 뜻깊고 의미 있는 일이라 할 수 있지.

🌸 파티시에가 되려면 어떤 노력을 해야 할까?

파티시에는 새벽부터 빵을 만들기 때문에 부지런해야 해. 게다가 장시간 서서 일하고 무거운 재료도 날라야 하기 때문에 강인한 체력이 밑바탕 되어야 하지.

그 다음으로 파티시에가 되려면 책과 친해지는 게 좋아. 책을 통해 세계 각국에서 만들어지는 빵에 대한 빠르고 정확한 정보를 얻을 수 있어. 하지만 아쉽게도 한국은 제과 선진국이 아니기 때문에 정확한 최신 정보를 얻기 위해서는 외국어 공부도 필요하지.

마지막으로, 아름다운 빵과 케이크를 만들기 위한 감각을 키우기 위해서는 예술과 친해져야겠지?

🌸 다양한 빵과 과자를 만날 수 있는 곳은 어딜까?

2년에 한 번씩 10월이면 서울 국제 빵 과자 페스티벌이 열려. 이곳에서는 평소에 볼 수 없었던 다양한 빵과 유명한 파티시에들의 작품을 만나볼 수 있지. 또한 그 해 최고의 파티시에를 뽑는 경연 대회 같은 다양한 볼거리가 눈앞에서 펼쳐지고, 다양한 빵과 과자를 시식할 수도 있으니까 즐거운 시간을 보낼 수 있을 거야.

또한 제주도에는 초콜릿의 역사와 갖가지 이야기, 전 세계의 초콜릿 등 초콜릿에 대한 모든 것을 경험해 볼 수 있는 박물관이 있어. 초콜릿 만드는 과정도 직접 볼 수 있으니까 재미있겠지?

제주도 초콜릿 박물관

세상에서 가장 특별한 빵 이야기

8

마리 앙투아네트를 단두대로 보낸 빵

마리 앙투아네트는 프랑스의 왕비이자
오스트리아의 여왕, 마리아 테레지아의 막내딸이야.
화려한 왕실 생활에만 익숙했던 그녀는 세상 물정을 몰랐지.
굶주린 시민들이 베르사유 궁전으로 몰려들었을 때
'빵이 없으면 케이크를 먹으면 되잖아.'라는 말을 했다고 해.
빵 때문에 화가 난 시민들에 의해 프랑스는 어떻게 바뀌었을까?

프랑스 왕 루이 16세의 왕비였던 마리 앙투아네트는 사치와 낭비, 향락에 빠져 프랑스 혁명을 재촉한 인물로 다양한 이야기에 등장하는가 하면, 프랑스 혁명이라는 거대한 역사적 사건 속에서 희생된 비운의 여인이라고 동정받기도 해. 그녀를 둘러싸고 어떠한 일들이 있었던 것일까?

마리아 안토니아(마리 앙투아네트의 오스트리아식 이름)는 1755년 11월, 오스트리아 빈에서 신성 로마 제국의 황제인 프란츠 1세와 합스부르크 왕가의 상속녀인 마리아 테레지아의 막내딸로 태어났어.

상냥하고 아름다웠던 안토니아는 호화로운 쉰브룬 궁전에서 온실 속의 화초처럼 자랐어. 그녀는 모국어인 독일어는 물론 프랑스 어와 이탈리아 어 등의 외국어를 익히고 음악, 무용 등을 배우며 여느 왕실의 소녀와 같은 삶을 살았지.

"안토니아, 요정처럼 아름다운 외모를 가꾸는 것도 중요하지만 왕가의 일원으로서 여러 나라 말을 할 줄 알아야 해. 그래야 교양 있어 보이지. 그러니 게으름 부리지 말고 열심히 배우렴."

"네, 어머니."

그 무렵 오스트리아는 프로이센으로부터 침략의 위협을 받고 있었어. 그 때문에 마리아 테레지아는 오랫동안 사이가 좋지 않았던 프랑스와 동맹 관계를 맺으려고 했지.

'우리 안토니아를 프랑스 왕세자인 루이 오귀스트와 혼인을 시켜야겠어. 그러면 프랑스와 힘을 합쳐 프로이센을 막을 수 있을 거야.'

　1769년 6월, 정치적인 이유로 프랑스의 루이 15세가 보낸 청혼서가 마리아 테레지아에게 전해지자, 마리아 안토니아는 1년 남짓 왕비 교육을 받은 후 부모님의 곁을 떠나게 되었어. 15살이라는 어린 나이에 초상화로만 본 프랑스 왕세자와 결혼하기 위해 고향을 떠나 프랑스로 향했지.

　국경을 넘기 전 그녀는 옷차림, 애완견, 심지어 이름까지 모든 것을 프랑스식으로 바꾸었어. 눈 깜짝할 사이에 마리아 안토니아에서 마리 앙투아네트가 된 거야.

　"공주님, 어서 오세요. 먼 길 오시느라 고생 많으셨습니다."

마리 앙투아네트에게 수줍게 인사를 건네는 루이 오귀스트 왕자는 초상화에서 본 모습과 많이 달랐어. 그녀는 내심 많이 실망했지만, 베르사유 궁전으로 가는 동안 거리에 마중 나온 많은 시민들을 보며 마음을 달랬지.

"왕세자 만세, 왕세자비 만세!"

마리 앙투아네트와 루이 오귀스트의 화려한 결혼식은 베르사유 궁전에서 성대하게 치러졌어. 하지만 신부의 손가락에 결혼반지를 끼워 주는 신랑은 부루퉁한 얼굴이었고 혼인 서약서에 서명하는 신부의 얼굴에는 생기가 없을 정도로, 어린 신랑과 신부의 결혼은 두 왕실의 이해관계가 얽힌 결과물이었다고 해.

결혼식이 치러진 베르사유 궁전의 왕실 예배당

"왕세자비 마마, 아침 드세요."

"고마워요."

"저희가 식사 시중을 들겠습니다."

"괜찮아요. 혼자서 먹을게요."

"아닙니다. 이것이 프랑스의 법도입니다."

프랑스 궁정에서는 왕가의 모든 일상이 공개되어 있었어. 아침에 일어나서 밥을 먹고 옷을 입는 것도, 심지어 아이를 낳는 것도 사람들이 보는 앞에서 해야 했지. 이 모든 것들이 앙투아네트에게는 스트레스가 되었어.

"루이, 어디 가세요?"

"어, 사냥 좀 다녀올게. 멀리 갔다 올 거니까 기다리지 마요."

마리 앙투아네트와 루이 오귀스트는 성격이나 취미가 달랐어. 루이는 조용하고 무뚝뚝했지만, 앙투아네트는 활달하고 사교적이었지.

낯선 프랑스에서 남편과의 사이도 친숙하지 않았던 마리 앙투아네트는 허전한 마음을 달래기 위해 맘에 드는 귀족들을 궁전으로 불러 파티를 열거나 가면무도회를 즐기고는 했어. 이런 소식을 전해 들은 마리아 테레지아는 걱정스런 마음에 딸에게 편지를 보내기도 했지.

> 사랑하는 딸, 안토니아 보거라.
> 요즘 네 행실이 사람들의 입에 오르내리더구나.
> 쓸데없는 파티만 하지 말고 아이를 갖기 위해 노력하렴.

그 당시에 프랑스 왕족을 비롯한 대부분의 귀족들은 나라 살림을 돌보지 않고 화려한 생활에 물들어 있었어.

"국민들은 힘들게 사는데 왕족과 귀족들은 사치를 일삼고 있네요."

마리 앙투아네트는 적국이었던 오스트리아의 공주였기 때문에 다른 왕족이나 귀족보다 더 곱지 않은 시선을 받았어.

"굶어 죽는 사람들이 길거리에 널려 있는데, 왕세자비라는 여자는 하루가 멀다 하고 파티를 즐기느라 정신이 없다니……. 정말 너무 하는 거 아니에요?"

"누가 아니래요. 오죽하면 '적자 부인'이라는 별명이 붙었겠어요."

1774년 5월, 병석에 누워 있던 루이 15세가 세상을 떠나자 왕세자였던 남편이 루이 16세로 즉위했어. 루이 16세는 왕비가 된 앙투아네트에게 베르사유의 프티 트리아농 궁전을 선물했지.

"루이, 고마워요. 제가 마음놓고 쉴 수 있도록 궁전을 고쳐도 될까요?"

"당신 마음대로 해요."

마리는 이곳을 꾸미기 위해 많은 돈을 들였어.

프티 트리아농

"왕비의 사치스러운 별장에 대한 소문 들으셨어요? 글쎄, 매일같이 그 별장에서 소수의 귀족들만 불러서 호화로운 파티를 연데요."

"우리는 빵 한 조각이 없어서 물로 배를 채우는데, 왕비가 나랏돈을 너무 함부로 쓰는 거 아니에요!"

그 와중에 엎친 데 덮친 격으로 '다이아몬드 목걸이 사건'이 터졌어. 앙투아네트는 자신의 측근인 척하며 추기경에게 접근해 다이아몬드 목걸이를 가로챈 라 모트 백작 부인을 감옥에 가두었지. 하지만 이 사실을 알게 된 파리 시민들은 오히려 왕비를 욕했어. 왕비의 사치스러움 때문에 벌어진 일이라고 생각했던 거야.

루이 16세 때, 프랑스의 재정 상태는 좋지 않았어. 선대로부터 계속된 사치스러운 생활, 반복된 자연재해와 흉작, 미국 독립 전쟁을 무리하게 돕는 바람에 생긴 큰 빚 등으로 나랏돈이 바닥난 상태였지.

"왜 이렇게 살기가 힘든지 모르겠어요. 빵값과 소금값이 너무 올라 먹을거리 하나 마련하기가 힘든데, 각종 세금은 오르기만 하고……."

"맞아요. 우리는 이렇게 죽을 고생을 하는데도 귀족과 성직자들은 세금도 안 내고 사치스럽게 살고 있잖아요. 해도 해도 너무해요."

"왕궁이 더 문제예요. 왕비는 매일 밤 파티를 즐긴다잖아요."

여기저기서 불만의 소리가 높아졌고, 나라 곳곳에는 병자와 거지들이 넘쳐났어. 하지만 마리 앙투아네트는 국민들의 어려운 생활이나 불만은 하나도 모른 채 프티 트리아농 궁전에서 아이들을 돌보며 유유자적한 전원생활을 즐기고 있었지.

"폐하, 국고가 텅 비었습니다. 시민들의 세금을 늘리는 것만으로는 해결이 되지 않습니다."

"맞습니다. 이제는 성직자와 귀족들에게도 세금을 걷어야 합니다."

시민들의 불만이 극에 달하자, 신하들이 루이 16세에게 건의했어. 결국 루이 16세는 유명무실한 삼부회(프랑스의 신분제 의회로 귀족, 성직자, 평민 출신 대표가 모여 중요한 문제를 결정해.)를 소집할 수밖에 없었지.

귀족들은 삼부회를 열면 자신들에게 유리하다는 것을 알고 있었어. 삼부회에서 평민들이 차지하는 수는 많았지만, 성직자와 귀족이 뜻을 모으면 어떤 결정이든 원하는 대로 내릴 수가 있었기 때문이었지.

성직자와 귀족들이 삼부회에서 평민들에게만 세금을 물리면서 권력을 독점하자 평민 대표들은 '국민 의회'를 만들어 대항하려 했어.

평민들이 제 마음대로 의회를 만들어 삼부회의 결정을 부정하고 왕권에 저항하자 루이 16세는 크게 화를 내며 병력을 동원하였어.

"평민 대표들이 삼부회에 참여하지 못하도록 회의장을 막아라!"

굳게 닫힌 회의장 문을 본 평민 대표들은 베르사유 궁전의 테니스 코트에 모였어.

"우리는 우리의 뜻을 반영한 새로운 법이 만들어질 때까지 여기서 흩어지지 않을 것이다!"

위협을 느낀 루이 16세는 군대에 명령을 내려 평민 대표들을 공격하려고 했어. 이 소식을 듣고 화가 난 파리 시민들은 군대에 맞설 무기를 얻기 위해 바스티유 감옥으로 모여들었지.

"왕권을 상징하는 바스티유 감옥을 부수자! 감옥 안에 무기와 탄약이 있다!"

장 피에르 우엘의 〈바스티유의 습격〉, 1789년

시민들이 들고일어나 절대 왕권의 상징이었던 바스티유 감옥이 무너지자, 그들은 자신들의 요구 사항을 소리 높여 외치며 파리 시내를 누비고 다녔어.
 결국 한 달 뒤, 국민 의회는 자유, 평등 등 국민이 누려야 할 권리들이 조목조목 적혀 있는 '인권 선언'을 발표했지.
 루이 16세가 끝내 자신들의 요구인 인권 선언을 받아들이지 않자, 성난 군중들은 베르사유 궁전으로 몰려갔어.
 "왕은 숨어 있지만 말고, 우리의 요구를 받아들여라!"
 "우리에게 빵을 달라! 먹을 것을 내놓아라!"

"빵이 없으면 케이크를 먹으면 되는데 사람들이 왜 저렇게 화를 내는 거죠? 지금 프랑스는 너무 위험해요. 제 귀족 친구들은 모두 피신했어요. 우리도 어서 오스트리아로 가요."

"마리, 그래도 왕이 나라를 버리고 다른 나라로 가는 것은 말이 안 되잖아!"

"이러다가 아이들한테 무슨 일이라도 생기면 어떡해요. 루이, 우리 오스트리아로 가서 도움을 청해요. 오빠가 우리를 도와줄 거예요."

늦은 밤, 여러 대의 마차가 파리를 빠져나가다가 혁명군의 눈에 띄었어.

"저 수상한 마차들을 잡아라!"

"왕이다, 왕이 나라를 버리고 도망치고 있다."

혁명군에 잡힌 루이 16세 일행은 포로가 되어 파리의 튈르리 궁전에 갇혔어. 루이 16세가 도망가려 했다는 사실이 시민들에게 알려지자 왕의 권위는 땅에 떨어졌어. 그들은 루이 16세가 갇혀 있는 감옥 앞에 모여 아우성치며 분노를 터뜨렸지.

"조국을 버리고 다른 나라로 도망치려 한 루이 16세를 처단하라!"

"왕을 없애고 국민이 주인인 나라를 만들자!"

시민들의 기세에 겁을 먹은 루이 16세는 인권 선언을 받아들일 수밖에 없었어.

이 사건으로 힘을 얻은 국민 의회는 교회에 속한 재산을 모두 빼앗고, 귀족에게 세금을 걷는 등 법과 제도를 바꾸었지.

1793년 1월, 루이 16세는 파리 시민들이 지켜보는 가운데 단두대에서 처형되었고, 아홉 달 뒤 마리 앙투아네트 역시 단두대로 끌려갔어.
　"국민들은 배가 고파 죽어가는 데 사치를 일삼더니 꼴좋다."
　"뭐, 빵이 없으면 케이크를 먹으면 되지 않느냐고? 다시 한 번 말해 봐. 이 철없는 여자야!"
　'내가 프랑스로 시집을 온 게 잘못이야.'
　마리 앙투아네트는 뒤늦은 후회를 하며 단두대의 이슬로 사라졌어. 그녀는 빵 한 덩어리의 가치를 우습게 여기다가 프랑스 국민들의 미움을 사 비참한 최후를 맞이한 거야.

프랑스 혁명과 마리 앙투아네트

1. 절대 왕정의 상징, 베르사유 궁전과 바스티유 감옥

루이 14세는 자신의 절대 권력을 뽐내기 위해서 루이 13세의 사냥용 별장이었던 베르사유를 확장해 국왕을 신격화하기 위한 거대 계획도시로 만들었어. 베르사유 궁전은 대략 축구장 1460개 정도의 크기로, 그 안에 궁전과 정원, 작은 도시, 운하 등이 있지. 1672년 루이 14세가 왕궁을 베르사유로 옮긴 이후, 그곳은 프랑스 정치·문화·사교의 중심지가 되었다가 대혁명 때 성난 시민들의 습격으로 황폐화되었어.

세월이 지나 복구되어 다양한 세계사의 무대가 되었던 베르사유는 1979년 유네스코 세계 문화유산으로 등재되어 보호받고 있지.

바스티유 감옥은 영국과의 백년 전쟁 때 파리를 지키는 요새로 지어졌으나 루이 13세 때부터 감옥으로 사용되었어. 이곳에는 주로 왕의 독재 정치를 비판하는 사람들이 갇혔었지.

절대 권력의 상징이었던 바스티유 감옥은 시민들의 습격 사건 이후로 철거되고, 지금은 바스티유 광장이 들어서 있어. 프랑스 사람들은 바스티유를 습격한 7월 14일을 혁명 기념일로 정해 해마다 기념하고 있다고 해.

프랑스 혁명 전 바스티유 감옥의 모습

오늘날 바스티유 광장

2. 마리 앙투아네트 왕비의 평판을 떨어뜨린 다이아몬드 목걸이 사건

로앙 추기경은 마리 앙투아네트 왕비의 환심을 사고 싶었어. 이를 알게 된 라 모트 백작 부인은 왕비가 다이아몬드 목걸이를 갖고 싶어 하니 목걸이를 구해 주면 왕비에게 전해 주겠다고 속여 접근했지. 로앙 추기경은 신용을 담보로 목걸이를 구해 백작 부인에게 넘겨 주었지만, 사실 이 모든 일은 백작 부인이 다이아몬드 목걸이를 차지하기 위해 꾸민 일이었어.

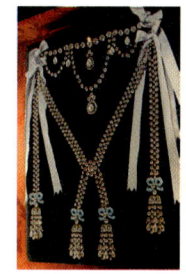

문제가 된 목걸이의 복원된 모습

로앙 추기경이 목걸이 대금을 갚지 못하자 보석상은 직접 마리 앙투아네트 왕비에게 대금을 갚으라고 요구하였고, 왕비는 재판을 통해 진실을 밝히고자 했어. 하지만 파리 시민들은 실제로 왕비가 관련된 사건일 것이라고 믿었고, 왕비의 위신과 체면은 크게 손상된 거야.

3. 프랑스 혁명의 발단이 된, 삼부회

1789년 루이 16세가 새로운 세금을 부과하기 위해 삼부회를 소집하자, 성직자와 귀족은 모든 세금을 평민에게만 물리려고 하였어. 이에 화가 난 평민 대표들은 삼부회의 결정에 반발하여 '국민 의회'를 만들어 맞섰지.

삼부회의 모습

결국 삼부회는 봉건적 특권의 축소와 폐지를 요구하는 국민 의회와 귀족 및 성직자 세력의 대립으로 붕괴되었고, 프랑스 대혁명이 시작된 거야.

🌸 마리 앙투아네트는 가장 사치스러운 왕비였을까?

국가 재정을 파탄에 이르게 했다는 마리 앙투아네트. 하지만 다른 왕비들과 비교하면 마리 앙투아네트가 쓴 돈은 그다지 많은 수준이 아니었다고 해.
당시 하루 식사량의 60%가 빵이었던 프랑스 시민들은 빵값에 민감했어. 시민들은 끼니를 걱정하는데, 왕족들은 호화로운 식사를 한다는 사실 때문에 분노했지.

사치스러운 여자의 대명사로 여겨진 마리 앙투아네트 왕비

그렇게 분노한 시민들의 표적이 된 오스트리아 출신의 왕비 앙투아네트에 대한 정치적 선동이 프랑스 전역으로 좋지 않게 퍼져 나간 거야. 최근 연구에 따르면 당시 그녀에 대한 평판 대부분이 시중에 떠도는 악의적인 헛소문에 불과했다는 평가가 많아.

🌸 마리 앙투아네트가 프랑스에 소개한 빵은 무엇일까?

버터를 듬뿍 넣은 반죽으로 켜켜이 층을 내 만든 빵인 크루아상. 프랑스 어로 '초승달'을 뜻하는 크루아상은 1774년 마리 앙투아네트가 프랑스 루이 16세와 결혼하면서 프랑스에 전해졌다고 해. 그녀를 따라 프랑스 왕궁으로 온 오스트리아 출신 제빵사들이 초승달 모양의 빵을 소개하였고, 그것이 큰 호응을 얻어 크루아상이라고 불리게 되었지.

크루아상

세상에서 가장 특별한 빵 이야기

9

마르게리타 왕비를 위한
피자

이탈리아 남부, 나폴리 지역의 서민들이 주로 먹었던 피자는
오늘날 전 세계 사람들이 즐겨 먹는 음식이 되었어.
피자의 고향인 나폴리에서 가장 유명한 피자는 마르게리타야.
제일 기본적인 피자로 맛이 담백하여
남녀노소 할 것 없이 누구나 좋아하지.
마르게리타는 이탈리아 왕비의 이름이었다고 해.
어떻게 서민들의 음식에 왕비의 이름이 붙었는지 알아볼까?

피자, 하면 딱 떠오르는 모습은 납작하고 동그란 밀가루 반죽 위에 토마토소스, 다양한 토핑, 모차렐라 치즈를 얹어서 구운 빵일 거야. 하지만 이탈리아 서민들의 한 끼 식사였던 피자의 오랜 역사에 견주었을 때, 피자에 하얀 모차렐라 치즈를 얹은 것은 얼마 되지 않았어.

1889년 이탈리아의 왕 움베르토 1세가 왕비 마르게리타와 함께 피자의 고향인 나폴리를 방문했을 때 왕비를 대접하기 위해 만들어진 피자가 바로 오늘날 이탈리아에서 가장 유명한 마르게리타 피자가 되었지.

한때 나폴리 도시 빈민의 주식이었던 피자에 어떻게 왕비의 이름이 붙게 되었는지 궁금하지 않니? 그 이유를 알면 쉽게 주문해 먹을 수 있어서 간단한 빵이라고 생각했던 피자가 더욱 맛있게 느껴질 거야.

마르게리타는 이탈리아 북부 제노바의 페르디난도 공작의 첫째 딸로 태어났어. 4살 때 아버지를 여의었지만, 주위 사람들을 생각할 줄 아는 마음씨 곱고 예쁜 아가씨로 자랐지. 특히 그녀는 빵을 아주 좋아했다고 해.

마르게리타 왕비

"마르게리타 공주님, 왜 울고 계세요? 그렇게 계속 우시면 갓 구운 맛있는 빵을 드실 수 없을 텐데……."

보모의 말을 들은 어린 마르게리타는 울음을 뚝 그쳤어.

"이렇게 울보 공주님은 훗날 누구와 결혼하실지 궁금하네요."
"난 맛있는 빵을 만드는 빵집 주인과 결혼할 거야."

하지만 마르게리타 공주의 바람과 달리 그녀는 17살의 나이에 사촌이자 당시 왕세자였던 움베르토 공과 결혼했고, 1878년 남편 움베르토가 왕위에 오르자 이탈리아의 왕비가 되었어.

마르게리타는 학문과 예술 활동을 장려하고 많은 자선 기관을 후원하며 왕비로서의 역할에 충실했기 때문에 이탈리아 국민들에게 인기가 높았어. 아름답고 활달한 성격의 마르게리타 왕비를 구경하기 위하여 그녀가 가는 곳마다 사람들이 몰려들었지.

마르게리타는 성 밖으로 나들이할 때 서민들의 빵을 즐겨 먹었고, 그것 때문에 사람들의 입방아에 오르내렸어.

"왕비가 서민들이나 먹는 빵을 길거리에서 사 먹다니……. 어디를 가든 왕비로서의 품위를 잃지 않아야 하는 거 아니야?"

"무슨 소리야. 얼마나 소탈하고 좋아. 서민들의 빵을 먹으면서 우리가 겪는 어려움도 헤아려 줄 수 있잖아."

이런 소식은 움베르토 왕의 귀에도 들어갔지.

"제발 밖에 나가서 길거리 빵을 사 먹지 마시오. 왕비가 체통을 지켜야지. 빵은 왕궁 안에도 널렸고, 먹고 싶은 빵이 있으면 주방장한테 명령하면 될 텐데 밖에 나가서까지 그럴 필요 없잖소."

"왕궁의 주방장들이 만드는 프랑스식의 달고 기름진 빵보다 담백한 맛의 빵이 좋아요. 게다가 가난한 상인들이 팔고 있는 빵을 사 주면 그들이 무척 좋아하거든요. 그 모습을 보는 것만으로도 행복해서 그러니까 조금만 이해해 주세요."

마르게리타는 이렇게 가난한 이탈리아 백성들을 사랑할 줄 아는 왕비였다고 해.

1889년, 왕과 왕비가 이탈리아 남부 지역을 여행할 때의 일이었어. 하루는 마르게리타가 시종장에게 물었지.

"다음에 방문할 곳은 어디죠?"

"바로 나폴리입니다. 나폴리 왕국과 양 시칠리아 왕국의 수도였던 곳으로, 아주 아름다운 해안이 펼쳐진 곳이지요."

"그렇다면 나폴리에서 가장 특색 있는 빵은 무엇인가요?"

"두말할 것도 없이 피자죠. 나폴리하면 뭐니 뭐니 해도 피자가 가장 유명합니다."

"아! 저도 예술가들에게 나폴리의 피자가 유명하다는 말을 들은 적 있어요. 나폴리에서 제대로 된 피자 맛을 볼 수 있을까요?"

"하지만 피자는 서민들이나 먹는 빵인데, 왕비님께서 그런 빵을 드셔도 되실런지 모르겠습니다."

"자주 올 수 있는 곳도 아니니까 나폴리에서 가장 특색 있는 빵을 한번 먹어 보고 싶네요."

"알겠습니다. 나폴리에서 가장 맛있는 피자를 만드는 주방장들에게 특별한 피자를 준비시키겠습니다."

시종장은 그 즉시 왕비의 방문 날짜에 맞춰 나폴리의 유명한 피자 장인들에게 특별한 피자를 만들어 오라는 명령을 내렸어.

나폴리에 도착한 마르게리타 왕비는 그 어떤 공식 행사보다 피자를 맛볼 순간을 고대했지.

맨 처음 나타난 피자 장인은 '마린 보이'라는 별명을 가진 주방장으로, 해산물을 잘 다루기로 유명했어.

"제가 가져온 특별한 피자는 마리나라 피자입니다."

첫 번째 주방장은 자신의 별명에 걸맞게 싱싱한 해산물들이 촘촘히 박혀 있는 피자를 가져왔어.

"마리나라 피자만의 특별한 점은 무엇인가요?"

"마리나라 피자는 항구 도시인 나폴리의 특징을 살려 갓 잡은 해산물들을 듬뿍 넣었기 때문에 아주 싱싱하고 영양가가 높습니다. 또한 얇게 썬 마늘과 오레가노 허브가 입 안에서 풍미를 더할 것입니다."

마르게리타 왕비는 피자를 한 입 맛보았어.

"해산물이 정말 신선하네요. 왕궁에서 먹는 요리처럼 아주 고급스러워요. 빵이 아니라 아주 훌륭한 요리를 먹은 것 같아요."

두 번째로 들어온 피자 장인은 나폴리에서 스테이크의 일인자로 손꼽히는 주방장이었어.

"제가 가져온 피자는 만조 피자입니다. 영양가를 높이기 위해 쇠고기를 넣은 것이 특징이죠. 토마토와 함께 입 안 가득 퍼지는 육즙이 아주 매력적인 피자입니다."

"정말 최고급 스테이크를 먹은 것 같네요. 아주 맛있게 잘 먹었어요."

마지막으로 들어온 피자 장인은 라파엘레 에스포시토였어.

라파엘레 에스포시토는 시종장으로부터 피자 주문을 받고는 주방에 있는 모든 재료들을 벌여 놓고 고민했어. 그때 문득 이탈리아 통일 왕국의 왕비가 서민적인 입맛을 가지고 있다는 소문이 떠올랐지.

'피자 재료는 담백한 것으로 해야겠어. 대신 특별한 의미를 전달할 수 있는 방법이 뭐 없을까? 아! 피자 재료들을 이용해서 이탈리아 국기를 표현해 보면 어떨까? 그러면 애국심도 나타낼 수 있고, 예술에 관심이 많으신 왕비님도 무척 좋아하실 것 같은데……'

라파엘레는 피자를 만들 재료로 붉게 잘 익은 토마토와 선명한 녹색의 바질, 그리고 하얀 모차렐라 치즈를 준비했어.

"주방장님, 마르게리타 왕비님을 위한 피자를 만드신다고 하지 않으셨어요? 그런데 웬 모차렐라 치즈예요?"

조수가 의아한 표정으로 물었어.

"자네는 잠자코 있어 봐. 내게 기막힌 생각이 떠올랐으니까."

라파엘레는 정성껏 반죽을 치대며 피자를 만들기 시작했어.

"혹시, 우리나라 국기를 상징하는 피자를 만드시려는 거예요?"

"내 생각을 바로 알아채는군! 역시 자네는 내 조수야."

이탈리아 국기의 세 가지 색은 자유, 평등, 박애를 상징해. 또한 3색이 아름다운 국토(초록), 알프스의 눈과 정의와 평화의 정신(하양), 애국의 뜨거운 피(빨강)를 나타내기도 하지.

이탈리아 국기

라파엘레는 바질로 초록, 모차렐라 치즈로 하양, 토마토로 빨강을 나타내는 피자를 만든 거야.

왕비는 라파엘레가 만든 피자를 맛보고는 조용히 생각에 잠긴 듯 물끄러미 쳐다보았어.

"맛이 아주 깔끔하고 담백하네요. 그런데 혹시 이 피자가 이탈리아 국기를 형상화한 건가요?"

"예, 왕비마마. 알아보셨습니까?"

"계속 쳐다보니까 문득 그런 생각이 들더라고요. 피자 맛도 마음에 쏙 들지만, 아이디어가 아주 뛰어나네요. 애국심도 느껴지고요. 이건 음식이 아니라 예술이에요."

"맞습니다, 왕비님! 음식은 예술이기도 합니다."

"그런데 이렇게 맛 좋은 피자의 이름은 무엇인가요?"

"아직 이름을 붙이지 못했습니다. 혹시 왕비님께 결례가 되지 않는다면 '마르게리타 피자'라고 부르고 싶습니다."

"그래요? 좋아요. 오히려 제가 영광이지요. 왠지 제가 죽더라도 이 피자는 영원히 남아 전 세계 사람들에게 알려질 것 같아요. 앞으로 많은 사람들이 마르게리타 피자를 먹으면서 저와 같은 기분을 느꼈으면 좋겠네요."

그렇게 마르게리타 왕비의 마음을 사로잡은 피자는 큰 인기를 누리며 이탈리아 피자의 대명사로 자리 잡았어. 피자의 고장 나폴리를 방문한다면 마르게리타 왕비를 감동시킨 피자를 꼭 맛봐야겠지?

이탈리아를 대표하는 빵, 피자

1. 전 세계인들에게 사랑받는 피자

피자의 원형으로 여겨지는 포카치아는 신석기 시대의 유목민들도 먹었다고 해. 하지만 '오늘날 피자'의 고향은 이탈리아의 나폴리지.
토마토는 콜럼버스의 신대륙 발견과 함께 유럽에 소개되었지만, 대다수 유럽 사람들은 토마토

포카치아

에 독이 있다고 생각하여 먹기를 꺼려했어. 하지만 이탈리아 일부 지역에서는 '황금 사과'라 부르며 17세기부터 재배하였지. 특히 나폴리 근방에서 자란 토마토는 맛이 달짝지근해서 요리에 널리 이용되었어. 그래서 주위에서 쉽게 구할 수 있는 식재료를 토핑으로 올리고 치즈까지 얹은 피자가 탄생하게 된 거야.

기본 재료를 여러 가지 방식으로 어우러지게 하여 다양한 맛을 낼 수 있었던 피자는 이탈리아 이민자들의 이동 경로를 따라, 한편으로는 미국 내 체인점의 확장 경로를 따라 전 세계 어디에서나 먹을 수 있는 음식이 되었어. 특히 제2차 세계 대전이 끝난 다음 미국 사람들은 다양한 첨단 기술과 실험적인 방법들을 이용하여 피자를 대중화시켰지.

피자의 대중화에 기여한 미국의 피자 프랜차이즈 시스템

덕분에 피자는 공산주의 몰락기에 러시아와 동유럽 전역에서 자본주의를 상징하는 첫 번째 음식이 되었어. 심지어 북한의 김정일도 이탈리아 피자 요리사를 북한으로 불러 자신이 먹을 피자를 만들게 했다고 해.

2. 마르게리타 피자의 전통을 지키려는 이탈리아 사람들의 노력

정통 나폴리 피자 협회(VPN)는 1989년 마르게리타 피자 탄생 100주년을 기념하여 마르게리타 피자에도 지역 정품 인증 규정을 적용시키고자 노력했어.

마르게리타 피자로서 정품 인증을 받으려면

마르게리타 피자

먼저 반죽은 반드시 밀가루, 소금, 물, 천연 효모만 넣어서 손으로 치대야 해. 그 후 반죽을 납작하게 눌러 모양을 잡고, 아펜니노 산맥 남쪽 지역에서 생산되는 모차렐라 치즈와 토마토소스, 바질 잎만 올려 종 모양의 장작 오븐에서만 구워야 하지. 그렇게 만들어진 피자 크러스트의 두께는 2 cm가 넘어서는 안 되고, 가운데 부분은 0.3 cm 이하여야 해. 정말 깐깐하게 만들지?

이런 모든 조건을 충족시킨 마르게리타 피자만이 VPN의 인증을 통과해 정통 마르게리타 피자라는 이름을 사용할 수 있도록 했어. 이런 엄격한 지침을 지킨 식당은 정통 나폴리 피자임을 인증하는 특수 스티커를 가게에 붙이고 마르게리타 피자를 팔 수 있다고 하니까 이 스티커가 붙은 가게에서는 안심하고 정통 마르게리타 피자를 맛볼 수 있을 거야.

정통 나폴리 피자 협회 기준에 맞는 피자 가게에 발급하는 증표

🌸 피자는 어떻게 한국인들의 입맛을 사로잡았을까?

"피자나 시켜 먹자."는 말이 낯설지 않을 정도로, 피자는 우리나라 사람들이 즐겨 찾는 음식 중 하나야. 하지만 1980년대 초만 해도 피자는 결코 한국인에게 일상적인 음식이 아니었지.

우리나라에 피자가 처음 등장한 것은 미군의 주둔과 깊은 관계가 있어. 제2차 세계 대전을 전후하여 미국화된 피자는 미군의 주둔지마다 공급되었고, 1970년대 미국에서 냉동 피자를 개발하면서 오븐에서 쉽게 만들 수 있는 빵이 되었지. 하지만 그때만 하더라도 대중들이 쉽게 접할 수 있는 음식은 아니었어.

1980년대 초반 경제 성장과 함께 피자는 일부 이탈리아 식당이나 호텔에서 판매되는 메뉴로 자리 잡았고, 1985년 미국의 피자 패스트푸드 업체가 서울에 진출하면서 외식 메뉴로 등장하게 된 거야.

1986년 아시안 게임과 1988년 서울 올림픽을 치르면서 피자는 더욱 일상화되어 어린이들이 즐겨 찾는 한 끼가 되었고, 피자의 끼니화는 피자를 먹는 한국적인 방식을 낳았어. 일례로 한국인들은 피자를 먹을 때 피클과 콜라를 세트로 여긴다고 해. 나아가 여러 피자 패스트푸드 업체가 앞다투어 한국형 피자(불고기 피자, 김치 피자, 라이스 피자 등)를 내놓는 현지화 전략을 펼치면서 피자는 한국인들의 입맛을 사로잡게 된 거야.

불고기 피자가 제일 맛있어.

세상에서 가장 특별한 빵 이야기

10

한 남자를 비탄에 빠뜨린
마녀의 빵

노처녀인 빵집 여주인은 꾀죄죄한 사내가 묵은 빵만
사 가는 걸 보고 가난한 화가라고 지레짐작했어.
그 남자에게 호감이 생긴 빵집 여주인은
그의 상황을 안타깝게 여겨 몰래 빵에 버터를 넣어 주었지.
그런데 그 남자가 찾아와서 마구 화를 내는 거야.
버터가 들어간 빵을 받은 남자는 왜 화를 냈을까?

〈마녀의 빵〉은 미국의 소설가 오 헨리가 지은 단편 소설이야. '마녀의 빵이라, 마녀가 마술을 부려 빵을 만든다는 말인가?' 이렇게 생각하면 무섭다는 생각이 들 수도 있어. 제목만 보면 험상궂은 마녀가 등장하고, 불길한 일들이 펼쳐질 것만도 같지. 그럼, 정말 그런 이야기인지 〈마녀의 빵〉 속으로 들어가 볼까?

미스 마더 미첨은 길모퉁이에서 작은 빵집을 하고 있었어. 올해 마흔 살로 정이 많은 그녀에게는 2천 달러의 예금이 있고, 여러 번 기회가 있기는 했지만 결혼은 하지 않았지.

미스 마더는 어느 날부터 일주일이면 두세 번 찾아오는 남자 손님에게 관심을 갖기 시작했어. 안경을 쓴 중년 남자는 독일 악센트가 강한 영어를 사용했는데, 비록 입고 있는 옷은 허름하고 여기저기 구겨져 있었지만 언제 봐도 예절 바르게 행동했지.

중년의 남자 손님은 늘 단단하게 묵은 빵을 두 개씩 사 가지고 갔어. 갓 구운 빵은 한 개에 5센트, 묵은 빵은 두 개에 5센트였는데 그는 언제나 묵은 빵만을 찾았지.

그러던 어느 날, 미스 마더는 그의 손가락에 붉은색이 도는 보랏빛 물감이 묻은 것을 보았어.

'저 사람은 화가임이 분명해. 틀림없이 좁은 다락방에 살면서 그림을 그리겠지. 그런데 몹시 가난해서 늘 묵은 빵만 먹는 거야. 갓 구운, 맛있는 빵이 얼마나 먹고 싶을까?'

그 후로 미스 마더는 고기와 잼을 넣은 맛있는 빵과 차가 있는 식탁에 앉을 때면 그 예절 바른 화가를 생각하며 한숨을 쉬었어.

'그렇게 초라한 다락방에서 마른 빵 조각이나 먹으며 끼니를 때울 것이 아니라, 나와 마주 앉아 이 맛있는 음식을 함께 먹을 수 있으면 좋을 텐데…….'

중년 남자에 대한 호감이 커진 그녀는 그의 직업에 대한 자신의 예상이 맞는지 시험해 보고 싶었어.

'그래. 지난번 경매에서 사온 그림을 걸어 놓으면 되겠다.'

그녀는 방에서 그림을 가져와 계산대 뒤에 걸어 놓았어. 베네치아의 풍경을 담고 있는 그림은 물에 비친 웅장한 대리석 궁전이 앞쪽에 그려져 있고, 손을 물에 담근 귀부인이 탄 곤돌라와 맑은 하늘에 떠도는 구름이 그려져 있었지. 전체적으로 명암이 뚜렷이 표현된, 화가의 눈을 사로잡을 만한 그림이라는 생각이 들었던 거야.

이틀 후, 그가 딸랑딸랑 벨이 울리는 문을 열고 가게에 들어왔어.

"묵은 빵 두 개만 주십시오."

그녀가 천천히 빵을 싸는 동안 벽에 걸린 그림을 본 그가 말했어.

"아주 좋은 그림을 가지고 계시는군요."

자신의 짐작이 맞아 들어가는 것에 기뻐하며 미스 마더가 말했어.

"저는 미술과 그리고 …… 그림을 참 좋아해요."

미스 마더는 화가를 좋아한다고 말하려다가 웃으며 얼버무렸지.

"이 그림이 좋은 그림이라고 생각하세요?"

"대체로 괜찮은 그림이네요. 그런데 궁전은 별로 잘 그려지지 않았어요. 원근법이 틀렸네요. 그럼 안녕히 계십시오."

그는 빵을 받아들고는 인사와 함께 서둘러 나가 버렸어.

'그래, 그는 화가가 틀림없어.'

미스 마더는 그림을 도로 방에다 가져다 놓으며 생각에 잠겼어.

'안경 속에서 부드럽게 빛나던 눈, 넓고 반듯한 이마, 원근법이 잘못된 것을 한눈에 알아내는 능력 있는 화가가 묵은 빵만 먹고 살아야 한다니……. 천재가 세상의 인정을 받기 전에는 고생할 수밖에 없는 거야!'

그녀는 어느덧 상상의 나래를 펴고 꿈속으로 빠져들었어.

'만일 그 천재 화가에게 2천 달러의 예금과 빵집을 가진 내가 자상하게 마음을 써 준다면, 그림이 얼마나 좋아질까?'

그날 이후로 그는 가게에 오면 진열장을 사이에 두고 미스 마더와 잠시 이야기를 나누고는 했어. 그녀의 명랑한 수다를 즐기는 것처럼 보였지.

그는 변함없이 묵은 빵만을 사 갔어. 케이크나 파이 같은, 그녀의 빵집이 자랑하는 맛있는 빵들은 한 번도 사 가지 않았지.

미스 마더는 그의 얼굴빛이 점점 더 안 좋아지고 힘없어 보인다고 생각했어. 안쓰러운 마음에 그가 사 가는 묵은 빵 외에 이것저것 챙겨 주고 싶었지만 예술가의 자존심을 상하게 할지도 모른다는 생각에 막상 행동으로 옮길 용기는 나지 않았어.

그 무렵, 미스 마더는 가게에서 입던 낡은 갈색 옷 대신 푸른 물방울 무늬의 실크 블라우스를 입기 시작했어. 또 예쁘게 보이려고 화장품을 만들어 사용했지.

어느 날, 평소처럼 그가 5센트짜리 동전을 계산대 위에 놓고 묵은 빵 두 개를 주문했어. 미스 마더가 빵을 꺼내기 위해 손을 뻗던 순간, 소방차가 요란한 사이렌 소리를 내며 지나갔지.

"무슨 일이지?"

누구나 그렇듯 그 역시 급히 바깥을 내다보러 문 쪽으로 가자, 미스 마더는 마침내 기회가 왔다고 생각했어.

계산대 뒤 선반에 방금 전 도착한 신선한 버터를 눈으로 확인한 그녀는 냉큼 빵 자르는 칼로 두 개의 빵을 깊이 자른 다음, 그 속에 버터를 듬뿍 밀어 넣고 본래대로 꽉 눌러놓았어.

지나가는 소방차를 다 구경한 남자가 계산대로 돌아왔을 때, 그녀는 두근거리는 가슴을 진정시키며 아무 일도 없었다는 듯 빵을 종이에 싸고 있었지. 그날따라 기분이 좋아 보이는 남자가 즐겁게 이야기를 하고 돌아간 뒤, 미스 마더는 혼자 환한 미소를 지었어.

'내가 너무 주제넘은 짓을 한 것은 아닐까? 그가 기분 나쁘게 생각하면 어떡하지? 아냐, 그렇진 않을 거야. 단지 묵은 빵 사이에 버터를 조금 넣었을 뿐인걸.'

그녀는 자신이 한 행동을 가난한 화가가 발견했을 때의 모습을 상상하며 방으로 들어갔어.

'그의 방에는 멋진 원근법으로 그려진 그림이 삼각대에 있을 거야. 아마 붓과 팔레트를 내려놓고 묵은 빵과 물로 식사 준비를 하겠지? 그리고는 빵을 얇게 썰면…….'

상황을 마음속으로 그려 보던 미스 마더는 얼굴을 붉혔어.

'그 화가는 빵을 먹으면서 버터를 넣은 내 마음을 생각해 줄까? 그 분은 나를 어떻게 생각할까?'

그때, 가게 입구에 달린 벨이 신경질적으로 울렸어. 누군가가 떠들썩하게 빵집에 들어오고 있었지.

미스 마더가 급히 가게로 나가자 두 남자가 서 있었어. 한 사람은 한 번도 본 적이 없는 젊은 남자였고, 다른 한 사람은 그녀가 아는 그 화가였지.

화가의 모습은 평소와 아주 달랐어. 얼굴은 벌겋게 상기되어 있었고 머리카락은 형편없이 헝클어져 있었지. 그 상태로 불끈 쥔 두 주먹을 미스 마더에게 마구 휘둘렀지만, 영문을 모르는 그녀는 멍하니 그의 얼굴만 쳐다볼 수밖에 없었어.

"이 마녀 같은 여자야!"

그는 버럭 소리를 지르고는 바로 이어서 독일어로 욕처럼 들리는 말들을 마구 퍼부었어. 젊은 남자가 그를 말리면서 끌어내려 했지만, 흥분한 그는 말을 듣지 않았지.

"나 말리지 마! 그냥은 갈 수 없어."

그가 분노에 찬 목소리로 말했어.

"자기가 무슨 짓을 했는지, 이 어리석은 여자에게 얘기해 줘야지."

그러더니 그는 분을 참지 못하고 계산대를 주먹으로 내리쳤어.

"당신이 내 신세를 망쳤어."

부드럽고 따뜻해 보이던 눈은 분노로 이글거리고 있었지.

"그거 알아? 당신은 쓸데없이 남의 일에 참견하는 고약한 여자야!"

화가의 말에 충격을 받은 미스 마더는 가까스로 선반에 기댄 채 하릴없이 실크 블라우스 자락만 만지작거렸고, 젊은 남자는 화가 잔뜩 난 그의 옷자락을 잡아 당겼어.

"자, 이제 그만하고 갑시다."

분을 삭이지 못한 그는 거친 숨을 식식거리며 서 있었지.

"여기서 화를 낸다 해도 이제 어쩔 수 없는데, 그 정도면 됐잖소."

젊은 남자는 분노에 떠는 그를 밖에다 끌어다 놓고는 다시 안으로 들어왔어.

"많이 당황하셨죠?"

그때까지도 제정신을 차리지 못한 미스 마더는 눈만 깜빡였어.

"역시 이 말은 해 줘야 할 것 같아서요. 어찌 된 일인지 제가 설명해 드리죠."

미스 마더는 마른침을 삼켰어.

"갑자기 찾아와서는 화를 내서 많이 놀라셨죠? 하지만 저 사람도 그럴 만한 사정이 있었습니다."

"그럴 만한 사정이요?"

"네. 저 사람은 블럼 버거라는 건축 설계사입니다. 저와는 같은 사무실에서 일하고 있죠. 그는 지난 3개월 동안 대회에 응모할 생각으로 새로운 시청의 설계도를 열심히 그려왔습니다. 바로 어제 간신히 잉크 선 긋는 작업을 끝냈지요. 아시는지 모르겠지만, 설계사는 제도할 때 먼저 연필을 씁니다. 그리고 잉크로 선 긋는 일이 끝나면 그 밑의 연필 자국은 묵은 빵을 이용해서 지우죠. 그러는 것이 지우개로 하는 것보다 잘 지워지니까요. 블럼 버거는 그 빵을 줄곧 여기서 사 쓰고 있었습니다. 그런데 오늘……, 이제는 짐작하시겠지만 빵 속에 들어 있던 버터 때문에 설계도를 망치고 말았습니다. 3개월 동안 힘들여 했던 일이 쓰레기가 되어 버린 거죠. 그래서 저렇게 화가 잔뜩 난 것입니다."

설명을 마친 젊은 남자는 가게를 빠져 나갔고, 얼이 빠진 미스 마더는 비틀거리며 방으로 들어갔어. 그녀는 실크 블라우스 대신 전에 입던 낡은 갈색 옷으로 갈아입고는 자신이 만들어 쓰던 화장품을 창 밖 쓰레기통에 던져 버렸지.

우리 속담에 '넘겨짚다 팔 부러진다.'는 말이 있어. 무슨 일이든 어림짐작으로 했다가는 나중에 큰 봉변을 당한다는 뜻이야.

미스 마더는 혼자 지레짐작해서 호감이 가는 남자를 위해 좋은 일을 하려다가 오히려 낭패를 보고 말았어. 이 이야기에서 미스 마더는 호의를 베풀려다가 결국 마녀가 된 셈이지.

이 이야기를 쓴 작가는 누군가에게 베푼 친절은 희망이 될 수도 있지만, 때로는 불행이 될 수도 있다는 말을 하고 싶었던 거야. 누군가에게 도움을 줄 때는 동정심만으로 판단하지 말고, 상대방의 입장을 사려 깊게 생각해 볼 필요가 있다는 가르침이 담겨 있지.

〈마녀의 빵〉은 마녀가 요술을 부리는 그런 으스스한 이야기가 아니라 짧지만 큰 깨달음을 주는 특별한 이야기라는 것을 이제 알았지?

오 헨리의 소설과 동화에 등장하는 마녀

1. 단편 소설의 대가, 오 헨리

오 헨리는 1862년 미국의 노스캐롤라이나 주의 그린즈버러에서 태어났어. 아버지는 유명한 의사였고, 어머니는 문학적 재능이 뛰어났다고 해. 하지만 안타깝게도 오 헨리는 어릴 때 부모님을 모두 잃고 정규 학교 교육도 제대로 받지 못한 채 작은아버지의 약방에서 일을 거들었지.

오 헨리

20살이 된 헨리는 텍사스 주로 가서 카우보이, 점원, 직공 등의 일을 하다가 25살에 결혼을 했어. 당시 은행에서 일하던 헨리는 아내의 도움을 얻어 주간지를 창간하고, 지방 신문에 글을 싣는 등 작가로서의 생활을 시작했다고 해.

1896년, 그만뒀던 은행에서 공금을 횡령한 혐의로 고소를 당하자 남아메리카로 도망을 갔어. 하지만 아내의 병이 심해지자 미국으로 돌아와 3년간 감옥 생활을 하기도 했지. 석방 후, 오 헨리는 도망 생활을 했던 경험과 감옥 생활을 하면서 얻은 풍부한 체험을 소재로 한 단편 소설을 본격적으로 쓰기 시작했어. 불과 10년 동안 300편에 가까운 단편 소설을 써서 단편 소설의 대가로 자리매김하게 되었지.

그는 〈크리스마스 선물〉, 〈마지막 잎새〉, 〈경찰관과 찬송가〉 등의 대표적인 작품에서 따뜻한 인간미, 반전 있는 결말을 선보여 오랫동안 전 세계 독자들의 많은 사랑을 받고 있어.

2. 서양에서 마녀는 어떤 존재였을까?

오 헨리는 〈마녀의 빵〉에서 호감을 가지고 있던 남자 손님의 묵은 빵에 버터를 넣은 미스 마더 미첨을 마녀로 표현했어.

마녀는 원래 유럽 등지의 민간 전설에서 주문과 마술을 써서 사람들에게 불행과 해악을 가져다준다고 믿었던, 악마처럼 성질이 악한 여자를 말해. 〈헨젤과 그레텔〉, 〈잠자는 숲 속의 공주〉, 〈백설 공주〉 등의 동화에도 자주 등장하지.

유럽에서는 16~17세기에 6만 명이 넘는 여성들을 마녀로 몰아서 죽였다고 해. 그 당시에 유럽은 전쟁과 전염병으로 사람들이 아주 살기 힘들었는데, 흑사병 같은 전염병이나 흉년의 책임을 '마녀'라고 불린 여성들에게 뒤집어씌웠던 거야. 남편은 없지만 재산이 어느 정도 있었던 여성, 남자보다 뛰어난 지식이나 지혜가 있는 여성 등 남성 중심적 사회 질서에서 조금이라도 벗어나는 여성들을 마녀로 몰아 죄를 털어놓을 때까지 고문을 하고, 공정하지 않은 재판을 통해 사형시켰지.

백 년 전쟁 때 프랑스를 구한 잔 다르크 역시 대표적인 마녀 사냥의 피해자야. 부유한 농민의 딸로 태어난 그녀는 16살의 나이로 나라를 구하기 위하여 남자처럼 바지를 입고 머리를 짧게 자른 채 군대를 이끌었지. 하지만 그녀는 1430년 5월 영국군에 포로로 잡힌 후 남자 옷을 입었다는 이유로 19살의 꽃다운 나이에 마녀로 몰려 사형을 당했어.

마녀로 몰려 화형을 당하는 잔 다르크

🌸 묵은 빵은 실생활에서 어떻게 활용할 수 있을까?

<마녀의 빵>에서 젊은 건축 설계사는 지우개보다 묵은 빵을 사용하는 것이 연필 자국을 지우는 데 효과적이라고 말했어. 이와 같이 다 먹지 못하고 남겨 음식물 쓰레기가 될 뻔한 묵은 빵을 실생활에서 유용하게 활용할 수 있는 방법에는 어떤 것이 있을까?

오래된 빵도 여러 가지 방법으로 유용하게 활용할 수 있어!

첫 번째로, 딱딱하게 묵은 빵을 그릇에 잘 담아서 냉장고에 넣어 두면 냉장고에서 나는 좋지 않은 냄새를 깨끗하게 없앨 수 있다고 해. 또한 불필요한 습기까지 묵은 빵이 흡수해서 냉장고 안의 음식을 더 신선하게 보관할 수 있지. 이때 빵을 약간 불에 그을리면 더 좋은 효과를 볼 수 있다고 하니까 잊지 말고 이 방법을 이용해 보도록 하자.

두 번째로, 오래된 빵을 이용해 벽지에 묻은 때를 벗길 수도 있어.

세 번째로, 묵은 빵을 바닥에 놓고 꾹꾹 누르면 미세한 유리 조각까지 제거할 수 있다고 해.

마지막으로, 삼겹살처럼 기름이 많은 고기를 구워 먹을 때 묵은 빵을 불판 한쪽에 놓아두면 묵은 빵이 기름을 쏙 흡수해서 기름이 사방으로 튀는 것을 막을 수 있어.

위와 같은 방법으로 묵은 빵을 활용할 때도 버터나 크림이 발라진 빵은 안 된다는 것을 명심하도록 해.

세상에서 가장 특별한 빵 이야기

11

기도하는 빵
브레첼

밀가루 반죽을 길고 가늘게 뽑아 하트 모양을 만든 뒤
소금을 뿌려 구워 낸 브레첼은
'기도하는 빵'이라는 별명을 가지고 있어.
끼니 중간중간에 혹은 맥주와 함께 먹기 위해
전 세계 사람들이 즐겨 찾는 브레첼이
어떻게 이런 별명을 얻게 되었는지 궁금하지 않니?

길고 얇게 뽑은 밀가루 반죽을 독특한 형태로 매듭지어, 언뜻 보면 하트 모양을 한 브레첼은 독일을 대표하는 빵이라고 할 수 있어. 겉은 바삭바삭한 데 비해 속은 부드럽고 쫄깃쫄깃하며 담백한 맛이 특징이지.

브레첼은 크게 전통 방식에 따라 빵처럼 부드럽게 구운 것과 오래 보존할 수 있도록 한 입 크기로 단단하게 구워 과자처럼 만든 것으로 구분할 수 있어. 둘 다 매력적인 맛을 뽐내며 전 세계 사람들의 사랑을 받고 있지.

브레첼

이런 브레첼은 '기도하는 빵'이라는 독특한 별명을 가지고 있어. 아마 그 모양 때문인 것 같은데, 브레첼이 어떻게 만들어지게 되었는지 지금부터 알아보도록 하자.

7세기 초 이탈리아의 어느 수도원에 브레첼레라는 수도사가 있었다고 해. 아이들을 무척 좋아했던 그는 항상 배고파하는 아이들에게 주기 위해 빵을 자주 만들었지.

'반죽이 제법 남았는데, 버리기는 아깝고. 어떻게 하지?'

그는 빵을 만들고 남은 자투리 반죽을 어떻게 사용할까 고민했어.

'아이들이 좋아할 만한 특별한 모양의 빵을 한번 만들어 볼까?'

브레첼레가 반죽을 치대 가늘고 길게 늘였을 때 그의 머릿속에는 앙증맞은 팔로 기도하는 아이들의 귀여운 모습이 스쳐 지나갔지.

'그래. 기도하는 아이들의 모습을 본뜬 빵을 만들어 보자!'

브레첼레는 빵을 받고 좋아할 아이들을 상상하며 열심히 만들었어. 콧노래를 부르며 열심히 굽다 보니 하트 모양 같기도 한 맛있는 빵이 완성되었지.

그 모습을 지켜보던 선배 수도사가 껄껄대고 웃으며 다가와 말했어.

"빵 모양이 참 재미있네. 기도하는 팔 모양 같기도 하고."

"그렇게 보이세요? 그런 생각을 하고 만들기는 했지만, 제대로 나온 것 같아 다행이네요."

"아이들에게 선물로 주면 아주 좋아하겠어."

브레첼레는 선배 수도사의 말을 듣고 함박웃음을 지으며 고개를 끄덕였어. 생각한 대로 빵 모양이 나와 기분이 좋았던 그는 같은 모양의 빵을 더 만들기로 했지.

"성경 공부를 열심히 한 아이들에게 선물로 주면 좋겠지요?"

이 말을 들은 다른 수도사도 옆에서 맞장구를 쳤어.

"기도문을 잘 외운 아이들에게 주면 좋아하겠어요. 그러면 아이들이 더 열심히 성경 공부를 하겠죠?"

"그래요. 참 좋은 생각이에요."

브레첼레는 빵을 많이 만들어 성경 공부를 열심히 하거나 주기도문을 잘 외우는 아이들에게 상품처럼 주기로 마음먹었어.

"그런데 이 빵을 뭐라고 불러야 할까요? 뭐든 부를 만한 이름이 있어야 할 텐데."

"그럼 '프레티올라(라틴 어로 '작은 보상'이라는 뜻)'라고 하는 것은 어때요?"

옆에서 빵을 보며 곰곰이 생각하던 수도사가 기다렸다는 듯이 대답했어.

"프레티올라? 그것 참 좋은 이름 같네요. 열심히 기도한 아이들에게 주는 작은 보상 같은 것이니까요."

그 후로 브레첼레는 성경 공부를 열심히 한 귀여운 아이들에게 프레티올라를 주었어.

프레티올라를 받아든 아이들은 기쁜 마음을 감추지 못하면서도 먹기를 주저했지.

"수도사님, 빵 모양이 너무 예뻐서 도저히 먹을 수가 없어요."

"성경 공부를 열심히 한 너희들을 위한 작은 선물이니 어서 먹으렴. 또 만들어 줄게."

브레첼레는 아이들이 자신이 만들어 준 빵을 소중하게 생각하는 걸 보고 너무 기뻤어.

"수도사님, 그런데 이 빵에는 왜 구멍이 3개 있어요?"

친구가 받은 빵을 부러워하며 바라보던 한 아이가 묻자, 브레첼레 수도사는 당황했어.

"왜 구멍이 3개 있냐고? 그건 말이야……."

그때, 프레티올라를 받은 아이가 자신 있게 대답했어.

"넌 그것도 모르냐? 그러니까 네가 프레티올라를 받지 못한 거야. 잘 봐, 이 구멍 3개는 바로 삼위일체를 뜻해. 그렇죠, 수도사님?"

"삼위일체라고? 네가 어떻게 그런 어려운 말을 다 아니?"

자신은 생각하지도 못한 것을 말하는 아이를 보고 브레첼레 수도사는 깜짝 놀랐어.

"삼위일체를 왜 몰라요? 하느님, 예수님, 그리고 성령을 말한다고 예전에 가르쳐 주셨잖아요."

"그걸 아직 기억하고 있었던 거야? 맞아. 3개의 구멍은 삼위일체를 뜻한단다. 정말 열심히 성경 공부를 했구나!"

브레첼레 수도사는 감격에 겨워 아이를 꼭 안아 주며 물었어.
"그런데 성령이 무엇인 줄 알고 있니?"
"잘은 모르겠지만, 하느님과 예수님과 우리를 이어 주는 끈 같은 것을 말하는 것 같아요."
'정말 기특한 생각을 하는 아이구나. 내가 만든 보잘것없는 빵을 보면서 삼위일체를 생각하다니…….'
브레첼레 수도사는 자기도 모르게 감격의 눈물을 흘렸어.

"수도사님, 왜 우세요? 제가 뭘 잘못 말했나요?"

"아니다. 너무 기뻐서 나도 모르게 눈물이 나는구나."

"수도사님, 울지 마세요."

"나는 괜찮으니 이 빵을 함께 먹자꾸나!"

브레첼레 수도사는 주위의 아이들에게 빵을 나누어 주며 마음속으로 감사 기도를 드렸지.

'주님, 제 곁에 이런 아이들을 보내 주셔서 정말 감사합니다.'

"얘들아, 수도사님이 주신 빵이 참 특이하게 생겼어. 어디서도 본 적 없는 모양이야."

빵을 받아든 아이들은 장난감이라도 받은 것처럼 구멍에 손가락을 넣으며 무척 신나했어.

"그런데 이 빵 이름이 뭐야?"

"몰라, 그러고 보니 브레첼레 수도사님께 빵 이름을 안 물어봤네."

"브레첼레 수도사님이 만들었으니 브레첼이라고 부르면 어떨까?"

"그래. 그것 참 괜찮은 생각이다."

아이들은 수도사님께 받은 빵을 '브레첼'이라고 부르기 시작했어. 그리고는 집에 가서 부모님께 자랑했지.

"수도사님이 선물로 만들어 주신 브레첼이에요. 기도하는 모습의 이 빵을 먹고 소원을 빌면 바라고 원하는 것들이 다 이루어진대요!"

아이의 말을 들은 집안의 어른들도 모두 즐거워했어.

"어머나, 그래? 그럼 우리 가족 모두 이 빵을 먹고 열심히 기도하자."

그렇게 아이들을 따라 맛도 좋고 의미 있는 브레첼을 먹으며 기도하는 집은 점점 늘어났지.

"자네, 브레첼을 먹고 열심히 기도하면 소원이 이루어진다는 소문 들어 본 적 있나?"

"애들이 떠들고 다니는 것을 듣기는 했지만, 설마 그게 사실일까?"

"나도 설마 했었는데, 옆집에 오랫동안 누워 계시던 마테오 할아버지가 가족들이 브레첼을 먹으며 열심히 기도한 덕분에 일어나셨다네."

이런 소문은 바람처럼 금세 퍼져 나갔어. 이탈리아의 작은 마을에서 시작된 소문은 국경선을 넘어 다른 나라로 퍼져 나가며 의미가 더해졌지.

15세기경 독일에서는 브레첼이 행운과 신앙심을 상징하는 성스러운 빵으로 자리 잡았어. 아이들이 브레첼을 목에 걸고 새해를 기념하는 풍습이 생기기도 했지.

"새해 아침에 브레첼을 목에 걸고 간절히 기도하면 소망하는 것들이 모두 이루어진대."

16세기에 와서는 브레첼이 갖는 종교적 상징성이 더 커져 성금요일(예수가 십자가에 못 박혀 죽은 일을 기념하는 날)에 브레첼을 먹는 관습이 자리 잡았어. 당시 기독교 신자들에게 브레첼은 사순절을 대표하는 음식으로 여겨졌다고 해.

기도하는 아이의 팔 모양을 본떠 만든 빵, 삼위일체를 상징하는 3개의 구멍이 있는 빵, 새해가 되면 목걸이처럼 거는 행운의 빵, 독일 제빵사들의 조합을 상징하는 문장에까지 등장하는 빵, 브레첼!

아이들을 생각하는 마음에 자투리 반죽에서 시작된 브레첼은 시대의 흐름에 따라 변신을 거듭하면서 전 세계 어느 빵집에서나 찾아볼 수 있는 세계인들의 빵이 되었어. 하트 모양뿐만 아니라 막대기 모양, 통나무 모양 등 다양한 모습을 하고 우리를 기다리고 있지. 빵집에서 브레첼을 골랐다면, 브레첼이 탄생하게 된 특별한 의미를 생각하며 먹기 전에 이루고 싶은 소원을 생각해 봐.

쫄깃하고 담백한 맛을 자랑하는 브레첼

1. 독일을 대표하는 빵, 브레첼

영국의 스콘, 프랑스의 바게트, 이탈리아의 포카치아처럼 독일하면 떠오르는 빵은 브레첼이라고 할 수 있어. 브레첼은 밀가루, 소금, 설탕, 이스트라는 간단한 재료에 따뜻한 물을 넣어 만든 반죽을 길고 가늘게 뽑아 가운데에 매듭이 있는 하트 모양으로

독일에서 가장 인기 있는 빵인 브레첼

구운 빵이야. 독일 사람들이 브레첼을 즐겨 먹기 때문에 독일의 음식 문화에서 중요한 위치를 차지하며 대부분의 빵가게에서 쉽게 구할 수 있지. 브레첼은 일상에서 매일 먹는 빵이기도 하지만, 옥토버페스트(독일 뮌헨에서 매년 10월 즈음에 열리는 민속 축제이자 맥주 축제)에 빠짐없이 등장하는 음식이기도 해. 브레첼의 겉에 붙어 있는 굵은 소금에서 비롯된 짠맛이 맥주와 잘 어울리기 때문이지. 옥토버페스트에 등장하는 브레첼은 일반 브레첼보다 훨씬 크고 부드러운 특징이 있어.

세계인들의 축제 옥토버페스트

7세기경 이탈리아와 프랑스의 경계 지역에서 유래한 브레첼이 어떻게 독일의 대표적인 빵이 되었는지 확실하지는 않아. 하지만 1111년 독일 지역 제빵사 조합을 상징하는 문장에 브레첼이 등장하고 다양한 풍속화에 브레첼이 그려져 있는 것으로 보아, 브레첼은 독일을 대표하는 빵임에 틀림없어.

독일 지역의 제빵사 조합을 상징하는 문장에 등장하는 브레첼

2. 프레즐은 브레첼의 다른 모습이라고?

18세기경부터 독일에서 미국으로 건너간 이민자들은 브레첼을 만들어 팔았어. 브레첼이 인기를 얻자 '프레즐'이라는 미국식 이름까지 생겼지. 처음 독일 이민자들이 정착한 펜실베이니아는 미국 프레즐 생산의 중심지로, 미국 내 프레즐 생산량의 80% 가량을 차지할 정도라고 해.

미국을 대표하는 간식거리로 손꼽히는 프레즐은 빵의 일종인 브레첼과 다르게 딱딱한 과자를 의미하는 경우가 많지만, 브레첼과 마찬가지로 짭짤하고 담백한 맛으로 인기를 끌고 있지.

특히 프레즐이 유명해지기까지는 미국의 43대 대통령인 조지 부시가 큰 역할을 했어. 그는 2002년 1월 미식축구 중계를 보면서 프레즐을 먹다가 프레즐이 목에 걸려 졸도한 적이 있는데, 이 사고 후 조지 부시 대통령이 공식 석상에 피멍이 뚜렷한 얼굴로 등장하는 바람에 프레즐을 세계적인 화젯거리로 만들었지.

❁ 실수가 브레첼을 더 맛있게 만들었다고?

브레첼은 보통 나뭇가지를 연상시키는 짙은 갈색이지만, 본래는 황금빛을 띠는 빵이었어. 이처럼 브레첼의 색이 짙게 변하게 된 데에는 1839년 뮌헨에 위치한 로열 카페의 제빵사 안톤 네포묵 파넨브레너의 실수가 한몫했다고 해.

이 제빵사는 모양을 잡은 반죽 위에 칼집을 넣고 설탕물을 바를 생각이었으나 실수로 잿물을 발라 버렸어. 게다가 실수를 깨닫고도 반죽을 버리지 않고 그대로 구워버렸지. 그런데 운 좋게도 잿물을 발라 구운 브레첼은 짙은 나뭇가지 색에 윤기까지 돌아 더 먹음직스럽게 보였고, 미네랄의 씁싸래한 맛까지 더해져 맛이 더 풍부해졌다고 해. 실수로 만든 브레첼이 오히려 더 나아진 것이지.

사람들의 반응도 좋아 잿물을 바른 브레첼은 더 유명세를 얻었고, 그 후 반죽에 수산화나트륨 수용액을 사용하는 레시피가 독일 전역으로 퍼져 나가 특유의 진한 갈색을 띤 브레첼이 오늘날 일반화된 거야.

다양한 모양과 색깔의 브레첼

세상에서 가장 특별한 빵 이야기

12

달콤함으로 술탄을 사로잡은
터키시 딜라이트

전 세계적으로 큰 인기를 얻은
판타지 소설 《나니아 연대기》에는 '유혹의 과자'가 등장해.
하얀 가루가 톡톡 떨어지는 말랑말랑한 젤리로,
마녀가 에드먼드를 유혹하기 위해 건네주지.
바로 그것이 '로쿰'이라고도 불리는 터키시 딜라이트야.
술탄의 입맛을 사로잡아 터키에서 가장 유명한 과자가 된
터키시 딜라이트의 이야기 속으로 살짝 녹아들어 볼까?

아시아 대륙 서쪽 끝, 유럽과 제일 가까운 곳에 터키라는 나라가 있어. 터키에 여행을 가면 꼭 먹어 봐야 할 것으로 '터키시 딜라이트(터키에서 온 기쁨)'라는 과자가 손꼽히는데, 현지인들은 '로쿰'이라고 부르는 젤리야.

로쿰은 달콤함으로 술탄의 입맛을 사로잡아 지배 계층에서 유행하다가 대중적인 디저트가 되었어. 그러다가 훗날 로쿰의 맛에 홀딱 반한 영국인에 의해 유럽에 알려져 터키시 딜라이트로 불리게 되었지.

다양한 맛을 자랑하는 로쿰

그럼 지금부터 쫄깃한 식감과 부드럽게 녹아내리는 맛으로 술탄을 사로잡은, 터키시 딜라이트에 대해 알아볼까?

1777년 터키의 수도, 이스탄불에 하즈 베키르가 사탕과 과자 등을 파는 작은 가게를 열었어. 그는 쫀득하고 부드러운 과자를 만들어 손님들로부터 좋은 평을 받았지.

그 무렵 톱카프 궁전에는 술탄 마무드 2세와 4명의 아내가 살고 있었어. 술탄이란 이슬람교를 믿는 나라에서 왕과 비슷한 존재야.

술탄 마무드 2세는 4명의 아내 중 미모가 뛰어난 셋째 아내를 가장 사랑했다고 해. 그런 아내가 임신을 하자 술탄은 기쁨을 감추지 못했지만, 그녀가 입덧이 심해 음식을 통 먹지 못하자 술탄의 걱정은 나날이 깊어만 갔지.

"부인, 뭐 먹고 싶은 것이 없소? 뭐든 잘 먹어야 배 속의 아기가 건강하게 태어날 텐데."

"모르겠어요. 입덧 때문에 도무지 뭘 넘길 수가 없네요."

"그렇게 아무것도 먹지 않다가는 쓰러지고 말 거요. 당신이 원하는 것이라면 무엇이든 다 구해다 줄 테니 어서 말해 봐요."

"그렇다면, 전 그저 단것이 당기네요."

"단것이라면 사탕 말이오?"

"사탕보다는 부드럽고 말랑말랑한 것이 좋을 것 같아요."

"알겠소. 당신이 좋아할 만한 단것을 가져오리다."

술탄은 곧 궁중의 요리사를 불러들였어.

"소문을 들었는지 모르겠지만, 내 셋째 아내가 입덧을 심하게 하는 바람에 음식을 한 입도 못 먹고 있네."

"경사스러운 일인데도 음식을 제대로 못 드신다니 마음이 아프시겠습니다."

"안타까운 일이지. 그런데 부드럽고 말랑말랑한 단것이라면 먹을 수 있을 것 같다고 하니, 그런 먹거리를 준비해 주게."

"알겠습니다. 재빨리 만들어 올리겠습니다."

궁중 요리사는 밀가루에 갓 딴 포도즙과 설탕을 넣고 졸여 젤리를 만들어 냈어.

'음~, 부드럽고 말랑말랑한 식감에 아주 달달하군. 이거라면 됐어.'

요리사는 자신이 만든 것을 술탄에게 바쳤어. 맛을 본 술탄도 만족스러워하며, 그 즉시 하렘에 있는 셋째 부인을 찾아갔지.

"당신을 위해 궁중 요리사가 특별히 신경 써서 만들었으니, 입맛에 맞았으면 좋겠소."

셋째 부인은 받아든 것을 입에 넣는 대신, 코로 가져갔어.

"음, 이 밀가루 냄새 때문에 도저히 넘기지 못할 것 같아요. 신경 써서 준비해 주셨는데 죄송해요."

"그렇게 냄새만 맡지 말고 한번 먹어 봐요. 내가 이미 먹어봤는데, 맛이 아주 좋아."

"저도 먹고 싶은데, 먹으면 아무래도 토할 것 같아요."

술탄은 먹기를 거부하는 아내가 안타까웠지만 어쩔 수가 없었어.

"알겠소. 억지로 먹을 필요는 없지. 조금만 더 기다려 보시오. 내 당신의 입맛에 꼭 맞는 것을 가져오리다."

술탄은 궁중 밖에서 과자를 잘 만든다고 하는 소문난 요리사들을 모두 불러들였어. 그중에는 하즈 베키르도 있었지.

"지금 내 아내가 입덧 때문에 제대로 먹지 못하고 있다. 아주 부드럽고 말랑말랑하지만 밀가루 냄새가 나지 않는 단것을 먹고 싶다고 하니, 그런 것을 만들어 오는 자에게 큰 상을 내리도록 하겠다."

술탄의 말이 떨어지자 요리사들은 술렁거렸어.

'이번 기회에 술탄에게 내 실력을 인정받을 수만 있다면 정말 좋을 텐데……'

술탄이 큰 상을 걸고 요구할 만큼 중요한 일이라는 생각에 하즈 베키르는 용기를 내어 질문을 했어.

"보통 단것은 밀가루와 설탕을 섞어서 만듭니다. 그런데 밀가루 냄새가 나지 않는 것을 원하시는 특별한 이유라도 있습니까?"

"얼마 전에 궁중 요리사가 만든 것을 갖다 주었더니, 밀가루 냄새가 역하다며 거들떠보지도 않더군."

"그렇군요. 그렇다면 마지막으로 한 가지만 더 여쭙겠습니다. 황후님께서 특별히 좋아하시는 꽃이 있습니까?"

"갑자기 그런 것은 왜 묻는 게냐? 밀가루 냄새가 나지 않는 단것과 꽃이 무슨 상관이 있다고."

"황후님께서 입덧 때문에 냄새에 민감하신 것 같아서 평소 좋아하시는 꽃의 향기를 이용해서 먹거리를 만들어 보려고 합니다."

"음, 아주 좋은 생각이군."

"황공합니다."

"황후는 장미꽃을 제일 좋아한다네. 그중에서도 붉은 장미를 아주 좋아하지."

"알겠습니다. 그럼 제가 붉은 장미 향기가 나는 맛있고 달콤한 음식을 만들어 올리겠습니다."

하즈 베키르는 즉시 가게로 돌아가 자신이 얻은 힌트를 되새기며 황후를 위한 특별한 음식을 만들기 시작했어.

그는 밀가루 대신에 부드럽게 간 옥수수 가루로 반죽을 만들었어. 그리고 호두, 피스타치오, 아몬드, 헤이즐넛, 코코넛 같은 영양이 풍부한 견과류와 말린 과일, 꿀, 장미수 등을 넣은 먹거리를 만들어 냈지.

'됐어! 밀가루 냄새는 안 나고 은은하게 장미 향이 나는군. 제발 황후께서 잘 드셨으면 좋겠다.'

하즈 베키르는 술탄에게 자신이 만든 과자를 바쳤어. 말랑말랑한 과자 한 개를 꺼내 먹어 본 술탄은 조용히 맛을 음미하며 고개를 끄덕였지.

"밀가루 냄새도 나지 않고 장미 향기가 입맛을 사로잡는구나. 이거라면 황후도 잘 먹을 수 있을 것 같아."

"술탄께서 만족하셨다니 다행입니다."

술탄은 흡족한 미소를 지으며 황후를 모셔 오라는 명령을 내렸어. 그 사이 한 개씩 한 개씩 거듭해서 과자를 꺼내 먹었지.

"한 입에 쏙 들어가게 만든 작은 조각이 먹기도 편하고, 목 안을 아주 부드럽고 편안하게 하는 과자야."

술탄으로부터 과자를 받아든 황후는 이번에도 먼저 코로 냄새를 맡았어.

"음~, 제가 좋아하는 장미 향이 감미롭네요."

이내 과자를 한 입 먹고는 황홀한 표정을 지으며 크게 기뻐했지.

"아, 정말 맛있는 과자예요. 제가 원하던 바로 그 맛이에요. 달콤한 향이 목을 아주 부드럽고 편안하게 해 주네요."

아내가 만족스러워하자, 술탄도 몹시 기뻐했어.

"하즈 베키르, 자네가 궁정의 수석 제과장으로 일해 보지 않겠나?"

"가문의 영광입니다."

"이 과자의 이름을 '입안의 달콤함'이라는 뜻의 '로쿰'이라 하고 즐겨 찾을 것이니, 잘 준비해 주게."

그렇게 술탄의 마음을 사로잡은 로쿰은 특히 하렘 여인들의 각별한 사랑을 받았다고 해.

단것을 아주 좋아했던 술탄과 터키시 딜라이트에 대한 또 다른 이야기도 전해 오고 있어.

어느 날 사탕을 먹던 술탄이 갑자기 턱을 감싸 쥐고 괴로워하자, 놀란 신하가 다가갔어.

"갑자기 어디가 안 좋으십니까?"

"아, 이럴 수가! 내 이가 부러졌어."

신하는 깜짝 놀랐지.

"아니 갑자기 이가 왜?"

"이 딱딱한 사탕 때문이야."

"사탕 때문이라뇨?"

"사탕이 너무 딱딱해서 이가 부러졌다고."

"사탕이 딱딱하면 녹여 드시지 않고……."

"자네는 사탕을 녹여 먹지 않은 내가 잘못했단 말인가? 남자라면 당연히 사탕을 깨물어 먹어야지."

술탄은 신하를 노려보며 크게 화를 내었어.

"아닙니다. 너무 딱딱한 사탕이 잘못한 거지요."

그 말을 듣고서야 술탄의 표정이 조금 누그러졌지.

"무슨 사탕이 돌처럼 딱딱해. 좀 더 부드러운 사탕을 만들 수는 없겠나?"

"알겠습니다. 말랑말랑하고 부드러운 사탕을 만들어 곧 가져오도록 하겠습니다."

"너무 부드러워서 씹는 식감이 없어서는 안 되네."

"네. 딱 술탄께서 원하시는 것을 가져오겠습니다."

신하는 즉시 궁중에서 과자류를 만드는 하즈 베키르를 불러들였어.

"자네는 아주 큰 죄를 저질렀어."

"제가요? 제가 무슨 죄를 저질렀다는 말씀이신가요?"

하즈 베키르는 갑작스런 호통에 떨리는 음성으로 물었어.

"술탄께서 자네가 만든 사탕을 드시다가 이를 상하고 말았다네."

"그 사탕은 천천히 녹여 드셔야 하는데……."

"뭐라고? 그럼 사탕을 깨물어 드신 술탄께서 잘못했다는 말인가?"

"아니, 그런 것이 아닙니다. 사탕을 너무 단단하게 만든 제 잘못이 크지요. 제가 죽을 죄를 지었습니다. 용서해 주십시오."

"잘못을 뉘우치고 있는 것 같으니 자네에게 잘못을 만회할 기회를 주지. 단단한 사탕을 대신할 만한 것을 만들어 오게. 너무 말랑말랑해서 씹는 맛이 아예 없어서는 안 되네."

"알겠습니다. 정성을 다하겠습니다."

죽음의 문턱에서 살아난 하즈 베키르는 그제서야 안도의 숨을 내쉬었어.

"아! 그리고 너무 쫀득거려서 이에 끈적끈적 달라붙어서도 안 되네. 술탄께서는 이에 음식이 엉겨 붙는 것을 아주 싫어하시니까."

하즈 베키르는 무엇을 어떻게 만들어야 할지 고민에 빠졌어. 술탄께서 원하시는 조건의 디저트가 딱히 떠오르지 않았지.

'너무 말랑말랑해도 안 되고, 끈적끈적해도 안 된다. 게다가 술탄께서는 사탕을 좋아하시니 사탕만큼 단맛도 있어야 하겠지? 분명 내일 아침밥을 드신 후에는 찾으실 텐데…….'

밤새 고민을 하던 하즈 베키르는 다양한 견과류와 말린 과일을 넣어 식감은 살리면서 말랑말랑하고 달콤한 젤리를 만들어 바쳤어.

술탄은 새로 만든 젤리를 먹어 보고는 크게 만족하며 기뻐했지.

"음, 사탕보다 먹기도 부드럽고 달콤한 것이 아주 좋구나."

"감사합니다."

"내 이것을 '입안을 행복하게 하는 조각'이라는 뜻의 '라하트 로쿰'이라 하고 가까이 즐기겠다."

둘 중 어떤 이야기가 로쿰의 시초인지 정확하지는 않지만, 이렇게 술탄의 입맛을 사로잡은 '라하트 로쿰'이 처음에는 궁정의 귀족들에게, 그 후에는 일반 대중들에게 퍼져 나가 '로쿰'이라 불리며 터키를 대표하는 디저트가 된 거야.

하즈 베키르의 자손들은 그의 로쿰 만드는 비법을 전수 받아 지금도 터키에서 로쿰 전문점을 경영하며 터키 사람들뿐만 아니라 전 세계의 관광객들을 맞이하고 있어.

술탄에게 그 맛을 인정받은 '로쿰', 유럽인들에게 달콤하고 부드러운 맛으로 사랑받은 '터키시 딜라이트'. 들어가는 재료에 따라 천 가지 맛을 내는 달콤한 디저트로, 동서고금을 막론하고 사람들을 매혹시킨 터키시 딜라이트는 아주 특별한 맛임에 틀림없어.

터키의 즐거움, 터키시 딜라이트

1. 터키시 딜라이트의 고향, 터키는 어떤 나라일까?

터키의 정식 국명은 터키 공화국으로, 아시아와 유럽을 잇는 아나톨리아 반도에 위치해 있어. 한반도의 3.5배 정도에 달하는 크기의 넓은 국토가 흑해, 에게 해, 지중해에 둘러싸여 있지. 이런 지리적 조건과 다양한 문명이 뒤섞여 있던 역사적 배경 때문에, 터키는 동양과 서양의 문명이 뒤섞인 문화를 가지고 있어.

터키는 역사적으로도 우리나라와 인연이 깊어. 그들의 조상은 흉노와 돌궐로, 고조선 시대부터 이웃에 살다가 중국 한족에 밀려 지금의 위치에 자리를 잡게 되었지. 또한 6.25 전쟁 때는 연합군으로 군대를 파견하였어. 이런 이유로 터키 사람들이 우리나라를 친숙하게 생각하여 칸카르데쉬, '피로 맺어진 형제'라고 부르는 거야.

'대포가 있는 궁전'이라는 뜻의 톱카프 궁전은 술탄이 나랏일을 보고 생활했던 공간으로, 현재는 보석과 도자기 등 오스만 제국의 보물을 전시하는 박물관으로 사용되고 있어.

현재 터키의 수도는 앙카라이지만, 1922년 오스만 제국이 해체되던 때까지 수도였던 이스탄불이 여전히 사회·문화·경제 중심지로서의 기능을 하고 있어. 특히 이스탄불의 구시가지는 역사 지구라는 이름으로 도시 자체가 유네스코 세계 문화유산에 등재되었을 정도야.

2. 이슬람 사회의 독특한 문화, 술탄과 하렘

터키 인은 대부분 이슬람교를 믿기 때문에 종교가 생활에 큰 영향을 끼치고 있어. 술탄은 '통치자', '권위'를 뜻하는 아랍 어에서 나온 말로, 이슬람교의 종교적 최고 권위자인 칼리프가 임명한 정치적 지배자를 말해. 시간이 지날수록 칼리프로부터 권한을 위임받아 특정한 지역을 지배하는 무슬림 통치자를 지칭하는 말이 되었지.

하렘은 이슬람 사회의 부인들이 거처하는 방을 가리키는 말이야. '금지된', '신성한'이라는 뜻을 가진 아랍 어 '하림'이 터키 어풍인 하렘으로 바뀌어 비이슬람 국가에 널리 알려지게 되었지. 하렘은 특수한 경우를 제외하고는 외부와 격리되어 가족에게만 개방되었으며, 모든 일반 남자의 출입이 금지된 곳이었다고 해.

지오반니 안토니오 구아르디의 〈고관들의 대표단을 맞이하는 술탄〉

지오반니 안토니오 구아르디의 〈하렘의 풍경〉

🌸 서양 상류 사회에서 유행한 터키시 딜라이트

19세기 신원이 알려지지 않은 영국인이 이스탄불에서 로쿰을 먹어 보고는 그 맛에 감동하여 영국으로 로쿰을 수입했어. 그때 '터키시 딜라이트'라는 영어식 이름도 생겼지.

터키시 딜라이트는 영국 상류 사회에서 큰 화제를 불러일으켰어. 상류층에서는 터키시 딜라이트를 술탄이 먹는 귀한 과자, 가장 사치스러운 디저트로 여겼고, 실크 손수건에 싼 터키시 딜라이트를 나눠 먹는 것이 유행할 정도였다고 해.

그렇게 영국 상류층의 사랑을 받은 터키시 딜라이트는 1851년 영국 런던에서 열린 만국 박람회를 통해 유럽의 다른 나라로도 전파되었고 서양 상류 사회에서 유행하게 된 거야.

터키시 딜라이트가 유행하는 데 큰 영향을 끼친 만국 박람회 모습

🌸 터키시 딜라이트는 커피와 함께 먹어야 맛있다고?

터키시 딜라이트는 매우 달기 때문에 터키 사람들은 진한 커피와 함께 즐기고는 해. 이슬람교에서는 술을 금지하기 때문에 예로부터 술 대신 차를 마시며 대화를 나누는 문화가 발달했지. 그들은 '카프베'라고 부르는 곳에서 터키시 딜라이트와 커피를 마시며 친목을 도모했는데, 카프베가 변해서 오늘날의 '카페'가 된 거야.